GIN Rezeptbuch

Das große Gin Buch
mit über 150 leckeren Cocktail Rezepten

Gin selber machen

inkl.
Der perfekte Gin Tonic,
Rezepte für Sommer & Winter,
Gläserkunde und
Schritt für Schritt Anleitung

BARTENDER CLUB

Inhaltsverzeichnis

Vorwort

GIN – vom Anblick eine recht farblose Spirituose. Doch wirft man einen Blick hinter die Kulissen, so eröffnet sich eine ganze Welt. So unscheinbar er auch klingen mag, ist der dennoch Bestandteil von vielen Cocktails. „Geschüttelt, nicht gerührt“, dürfte wohl einer der bekanntesten Sätze aus den James-Bond-Filmen sein. Natürlich ist ein Martini gemeint, dessen Hauptbestandteil Gin ist. Und wer möchte sich nicht einmal fühlen, wie ein Agent im schicken Anzug oder eine attraktive Frau an der Bar?

Doch Gin ist nicht gleich Gin. Zugegeben war vor einigen Jahren in den Märkten keine große Auswahl zu finden, doch das hat sich mit den Jahren glücklicherweise geändert. Heute haben wir oft ein so großes Angebot, dass es eine Herausforderung wird, den besten für sich zu finden. Der unterschiedliche Geschmack der einzelnen Sorten liegt an ihrer Zubereitung. Es können über 100 verschiedene Gewürze, Kräuter und weitere Zutaten wie Kardamom, Ingwer, Rosmarin, Zitronenschalen und sogar Blüten in einem Gin enthalten sein. Somit ist es kein Wunder, wenn jeder Gin anders schmeckt. Folglich passt auch nicht jeder Gin für jeden Cocktail. Doch kennt man sich aus, so kann man seinen Gästen ein wahres Geschmackserlebnis präsentieren.

1. Die Geschichte über Gin

Seinen Ursprung hat der Gin in Holland. Für viele mag das verwirrend sein, doch tatsächlich wurde er von einem holländischen Arzt als Arznei gegen beispielsweise Magen- und Nierenleiden entwickelt. Aufgrund seines Geschmacks erlangte dieses Wacholder-/Gewürzdestillat, welches zu dieser Zeit noch Genever genannt wurde, immer mehr Gefallen bei den Patienten. So beauftragte der Arzt Brennereien damit, um die Nachfrage für den nicht-medizinischen Markt zu decken.

1568 bis 1648 herrschte Krieg zwischen Holland und Spanien. Englische Soldaten unterstützten hierbei die Holländer. Auf diesem Weg gelangte der Genever zu den Briten, wo er seinen heutigen Namen „Gin“ erhielt.

1689 erließ König Wilhelm III. von Oranien-Nassau ein Verbot, welches die Einfuhr von französischem Brandy untersagte. Zusätzlich wurden auf Spirituosen und Weine aus Deutschland, Frankreich und Spanien hohe Steuern erhoben, um die Produktion eigener Produkte wie Gin zu begünstigen. Etwa 6 Jahre später wurden innerlands hohe Steuern auf Wein und Bier erhoben, was zur Folge hatte, dass Gin zum billigsten alkoholischen Getränk wurde, was sich selbst der Ärmste leisten konnte.

Königin Anne übernahm 1702 die Krone und erlaubte jedem Engländer, Gin selbst herzustellen. Das wiederum führte zu einer regelrechten Explosion der Ginproduktion. Über die Jahre hinweg wurde die dadurch entstandene allgemeine Trunkenheit zu einem ernsthaften Problem, was obendrein die Qualität des Getränks negativ beeinflusste.

1736 wurde mit dem Verabschieden des „Gin Act“ ein neues Gesetz erlassen und eine zusätzliche Sonderabgabe von jährlich 50 Pfund für Gin-Brennereien auferlegt. Nur wenige Brennereien konnten sich diese Summe leisten, woraufhin sich lediglich 2 verbleibende Produzenten in London herauskristallisierten. Gin war somit kein billiger Fusel mehr, wurde immer weiter verfeinert und zählt auch heute noch zu einem der besten Edeldestillate.

2. Der Unterschied zwischen den Gin Sorten

Kennst du das Gefühl, vor einem Regal der Spirituosenabteilung zu stehen und nicht zu wissen, welchen von den verschiedenen Ginflaschen du mitnehmen sollst? Welche Geschichte und Zutaten hinter den Marken stecken und wo genau eigentlich der Unterschied liegt? Doch keine Sorge denn so kompliziert ist das gar nicht. In der Spirituosenverordnung der EU ist ein sogenanntes „Reinheitsgebot“ festgelegt die bestimmt, auf welche Art und Weise der Gin hergestellt werden darf. Offiziell unterscheidet die EU folgende drei Ginsorten:

London Dry Gin

Er zählt zu den bekanntesten überhaupt, da er auch meist über eine sehr ausgeprägte Wacholdernote verfügt. Das gesetzlich vorgeschriebene Reinheitsgebot zeichnet den größten Unterschied zu einem Dry Gin aus. Das Besondere ist auch der Herstellungsprozess, da Botanicals lediglich zu Beginn des Destilliervorgangs beigefügt werden dürfen.

Dry Gin / Distilled Gin

Ebenso wie beim London Dry Gin, darf der Mindestalkoholgehalt des Dry Gin von 37,5 % Vol. nicht unterschritten werden. Auch der Herstellungsprozess ist bis auf einen großen Unterschied identisch. Gewürze sowie naturidentische Farb- und Aromastoffe dürfen beim Dry Gin auch nach dem Destillieren hinzugefügt werden.

Sloe Gin

Dieser Gin tanzt da schon etwas aus der Reihe. So findet man ihn in der EU Spirituosenverordnung beispielsweise bei den Likören und nicht in der Kategorie Gin. Er wird auch nicht destilliert, sondern zusammen mit Gin, Schlehen und Zucker angesetzt. Zudem fällt er durch seine rote Farbe auf. Die Bezeichnung „Gin“ tragen zu dürfen ist eine weitere Besonderheit, da diese Sorte den Alkoholgehalt von 37,5 % Vol. meist nicht erreicht.

Da sich Gin über die Jahre immer mehr Beliebtheit erfreut und somit zu einem Kultgetränk geworden ist, gibt es auch weitere Hersteller die sich außerhalb der EU einen Namen gemacht haben. Hier noch ein paar bekanntere Namen:

Genever

Genever ist der Name, von dem aller Gin abstammt. Er hat seinen Ursprung in Holland. Hier unterscheidet man unter jungen und alten Genever. Während der Junge Genever ein klarer und einfacher Branntwein mit nur leichtem Wacholderaroma ist, verwöhnt der alte Genever mit traditioneller Herstellung und einer ausgeprägten malzigen Note.

Old Tom Gin

Old Tom Gin ist die ursprüngliche Form des Gins des 18. und 19. Jahrhunderts. Beinahe von der Bildfläche verschwunden, erfreut er sich mittlerweile in Bars der Beliebtheit für Cocktails.

New Western Dry Gin

New Western Dry Gin ist vor allem für Shots oder Cocktails geeignet. Die typische Wacholdernote steht bei dieser Sorte im Hintergrund und lässt anderen Gewürzen und Aromen den Vortritt.

Plymouth Gin

Plymouth Gin darf, wie der Name verrät, nur in Plymouth hergestellt werden. Er überzeugt mit einem vollmundigen und erdigen, aber auch fruchtig-süßem Geschmack.

3. Gin selber machen - Die Schritt für Schritt Anleitung

Du hast dich durch die verschiedenen Sorten des Gins durchprobiert und hast den perfekten Geschmack für dich immer noch nicht gefunden? Dann ist es vielleicht an der Zeit einen eigenen Gin zu kreieren. Jetzt stellt sich nur die Frage, ob destilliert oder angesetzt werden soll. Da selbst zu destillieren eine sehr Geld-intensive Beschäftigung ist, fängt man am besten mit der günstigeren Alternative an. Zudem verbietet der Gesetzgeber das Herstellen privater Spirituosen mit einem Mindestalkoholgehalt von 15 % Vol. Anders sieht es aus, wenn man Gin mit Hochprozentigem selber ansetzt. Die Herstellung ist obendrein

ein Kinderspiel und selbst für einen Laien in der Küche problemlos zu bewältigen. Allerdings muss einiges an Zeit eingeplant werden. Aber nicht umsonst heißt es „Gut Ding will Weile haben". Was wird also benötigt? Wodka oder Korn dient hierfür als neutraler Geschmacksträger und wird mit verschiedenen Gewürzen angesetzt. Hier kann mit verschiedensten Botanicals experimentiert werden, um etwas ganz besonderes zu erschaffen. So können auch saisonale Gins mit beispielsweise Zimt, Kardamom, Anis und anderen Weihnachtsgewürzen, kreiert werden. Damit wird eine Köstlichkeit erschaffen, die in der kalten Adventszeit auch von Innen wärmt. Im Sommer dagegen kann man sich auf Zutaten wie Zitronen- oder Limettenschalen konzentrieren. Bis auf ausgewählte Zutaten sollte das Meiste für die Herstellung bereits Zuhause zu finden sein.

Schritt für Schritt zum Gin:

1. Beispielsweise Wodka mit frischen Wacholderbeeren in eine größere Flasche füllen
2. Für 24 Stunden dunkel und trocken lagern. Mehrmals schütteln
3. Gewürze, Botanicals und Kräuter hinzugeben
4. Erneut 12 Stunden ziehen lassen
5. Die erste Kostprobe erfolgt. Ist er nicht intensiv genug nochmals 2-3 Stunden warten
6. Mit einem Sieb und idealerweise 2 Kaffeefilter abseihen (braucht etwas Zeit)
7. Eine Woche ruhen lassen, damit sich die Aromen setzen können.
8. Fertig!

4. Welches Zubehör wird benötigt?

Die Liste für das Zubehör gestaltet sich relativ simpel. Das Meiste davon ist vermutlich bereits in deiner Küche zu finden. Der Rest kann günstig in beinahe jedem Supermarkt besorgt werden. Was also brauchst du?

- Neutrale Spirituose
- Leere Flaschen
- Gewürze/Botanicals
- Sieb
- Kaffeefilter
- Trichter

Natürlich wird eine **neutrale Spirituose** wie Korn oder Wodka gebraucht, was als Geschmacksträger für den Gin dient. Welche man hierfür nimmt, ist wortwörtlich Geschmackssache. Je nachdem, wie viel du ansetzen willst, musst du die entsprechende Menge einkaufen.

Um den Gin ansetzen zu können, werden natürlich auch **leere Flaschen** benötigt. Diese sollten mehr Volumen fassen, als die gekaufte Spirituose, da noch Zutaten hinzukommen.

Um dem Gin einen besonderen Geschmack zu geben werden verschiedene **Gewürze/Botanicals** und ggf. auch Kräuter benötigt. Je nachdem, welches Rezept du dafür nimmst oder ob du selbst mutig bist und eines kreierst.

Mit einem **Sieb** und 2 **Kaffeefiltern** übereinander, wird der Gin von den Zutaten wieder befreit, um nur den Geschmack zurückzubehalten.

Ein ausreichend großer **Trichter** hilft dabei, dass nichts von dem erstellten Gin verloren geht und jedes Tröpfchen genossen werden kann.

5. Welche Gläser eignen sich für Gin?

Falls du denkst, du kannst deinem Gast einen aufwendig hergestellten Gin in einem x-beliebigen Trinkglas servieren, dann mach dich auf berechtigte Blicke gefasst, die Entsetzen widerspiegeln können. Für unterschiedliche Cocktails gibt es natürlich auch unterschiedliche Gläser. Und dieser edle Tropfen will zurecht gewürdigt und in Szene gesetzt werden. Welche Gläser gibt es also und worin unterscheiden sie sich?

Tumbler

Gläser die keinen langen Stiel, sondern einen dicken flachen Boden aufweisen, sind als Tumbler bekannt. Sie werden aber auch Whiskeygläser genannt. Mit Eiswürfel serviert erzeugt das gemusterte Glas ein herrliches Farbenspiel. Cocktails wie der Raspberry Smash, Gin Basil Smash, Bramble oder der Gin Sour werden daraus getrunken.

Longdrinkglas

Auch ein Longdrinkglas kann gemustert sein und zählt unter Umständen zu der Gruppe der Tumbler. Doch aufgrund ihrer Höhe werden diese Cocktails mit Saft oder Soda kombiniert. So lassen sich aus diesen Gläsern beispielsweise der Long Island Iced Tea mit Gin, der Collins und natürlich auch der bekannte Gin Tonic daraus genießen.

Das Fancyglas / Cocktailglas

Diese zählen ebenfalls zu den höheren Gläsern und werden aufgrund ihres bauchigen Erscheinungsbilds auch Ballonglas genannt. Unter anderem bevorzugt für tropische Cocktails, da die Gläser mit Fruchtstückchen, Schirmchen oder Cocktail Pickern garniert und mit einem Strohhalm gereicht werden. Der Tropical Orange, Scorpion Bowl oder der Singapore Sling werden darin serviert.

Cocktailschale

Dieses Glas endet mit einer breiten Schale, die auf einem langen Stil sitzt. Meist werden hier nur hochprozentige Tropfen serviert. Darunter fallen unter anderem der Martini, Aviation, Vesper, Last Word oder auch der Pink Lady.

Cocktailbecher für den Winter

Diese ähneln einer Tasse, die aus Glas oder Metall zu erwerben sind. Heiße Cocktails wärmen so von innen heraus. Mit einem Gin Sling, Mulled Gin oder Gin Hot Toddy lässt sich die winterliche Kälte angenehm aushalten.

6. Gin richtig verkosten

Da Gin zu den edelsten und komplexesten Spirituosen überhaupt zählt, wäre es ein Frevel ihn „auf ex“ die Kehle hinunterzuspülen, wie einen Billigfusel aus dem untersten Supermarktregal. Eine richtige Verkostung macht einem bewusst, wie vielseitig dieses Getränk überhaupt sein kann. Mit dem richtigen Glas wird daraus ein spektakuläres Geschmackserlebnis. Am besten geeignet ist ein bauchiges Verkostungsglas, was 3 – 4 cl. fassen sollte. Um sämtliche Nuancen erleben zu können, empfiehlt sich folgende Vorgehensweise:

Nosing

Fülle mindestens 2 cl Gin in das Glas und schwenke es ein wenig, damit sich die Aromastoffe entfalten können. Als Nächstes hebst du deine Nase an oder auch in das Glas. Hier gilt es achtsam zu sein und die verschiedenen Aromen zu „erschnüffeln“

Gaumenschmaus

Für den ersten Eindruck nippst du ein wenig am Glas. Nicht zu viel und nicht zu wenig lautet hier die Devise. Meist schmeckt man andere Aromen, als beim „Nosing“. Gerne darf hier mehrmals probiert werden, um auch wirklich viele Aromen herausschmecken zu können.

Abgang

Zum Schluss kommt der bekannte Abgang. Auch hier können neue Aromen „erschmeckt“ werden. Bei weniger komplexen Gins kann es allerdings passieren, dass keine weiteren Geschmäcker ans Tageslicht kommen. Je komplexer ein Gin in der

Zubereitung ist, umso interessanter wird die Verkostung und somit auch der krönende Abgang.

7. Der perfekte Gin Tonic

Das Grundrezept für einen Gin Tonic ist äußerst simpel. Es beschränkt sich auf folgende Zutaten:

- 4 cl Gin
- 200 ml Tonic Water
- Eiswürfel
- Limette oder Zitrone

Und wie wäre es, jetzt noch ein eigenes Tonic Water zu zaubern? Auch hier gestaltet sich das Rezept recht einfach und kann, je nach Geschmack, ein wenig abgeändert werden.

Rezept Tonic Water Sirup:

1 Liter	Wasser
600 g	Zucker
80 g	Zitronengras
1 mittelgr	Bio Zitrone
1 mittelgr	Bio Orange
1 mittelgr	Bio Limette
16 g	Chinarinde
10 g	Zitronensäure
6 g	Pimentkörner
1 g	Salz

Die Schale der Zitrusfrüchte abreiben und das Zitronengras klein schneiden. Bis auf den Zucker alle Zutaten in einen Topf geben. 20 min auf kleiner Flamme köcheln lassen. Im Anschluss alles durch ein Baumwolltuch, Leinentuch oder am einfachsten durch einen Kaffeefilter abseihen und in den gereinigten Topf füllen. Den Zucker unterrühren und kurz aufkochen lassen. Den Sirup in ein steriles, verschließbares Gefäß füllen. Fertig!

Da es sich bei dem Rezept um einen Sirup handelt, muss dieser beim Zubereiten des Gin Tonic, mit Soda verdünnt werden. Hier gilt das Mischverhältnis zwischen dem Tonic Sirup und dem Soda von 1:5 und kann anschließend wie gekauftes Tonic Water benutzt werden.

Für den geschmacklichen und optischen Genuss werden für Gin Tonic meist Longdrinkgläser verwendet, damit genügend Platz für die Eiswürfel und bei Bedarf die entsprechende Dekoration gegeben ist.

8. Klassische Gin-Rezepte

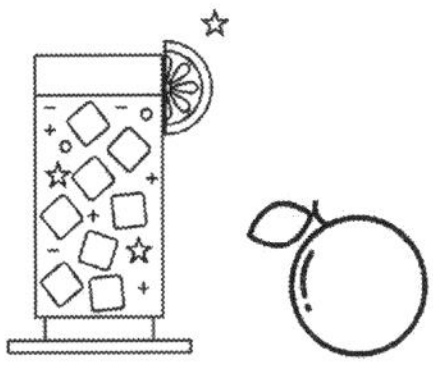

8.1 Orange Fireball

Für 2 Drinks
Zubereitungszeit: 2 Minuten
Schwierigkeitsgrad: leicht

Zutaten:

6 cl Orangenlikör
4 cl Gin
10 cl Tonic Water
2 Stück Orangenschalen

Zubereitung:

1. Orangenlikör, Gin und Eis im Shaker mixen und in 2 Longdrink-Gläser abseihen.
2. Jedes Glas mit Tonic Water auffüllen.
3. Die Longdrink-Gläser mit einer Cocktailkirsche und Orangenschale garniert servieren.

8.2 The Classic "Julep"

Für 2 Drinks
Zubereitungszeit: 2 Minuten
Schwierigkeitsgrad: leicht

Zutaten:

6 cl Curacao
12 cl Gin
6 cl frisch gepresster Limettensaft
2 Schuss Soda
8 Minzeblätter

Zubereitung:

1. Zunächst 2 Minzeblätter zur Dekoration auf die Seite legen. Im Shaker die restliche Minze und Curacao leicht zerdrücken.
2. Den frischen Limettensaft und Gin hinzugeben und kräftig shaken.

3. Klassisch wird der Julep in „Silberbechern“ serviert, oder als alternative im Longdrink-Glas.

4. Den Inhalt des Shakers gleichmäßig in 2 Becher/Gläser abseihen und mit einem Minzeblatt garnieren und servieren.

8.3 Beauty and the Beast

Für 2 Drinks
Zubereitungszeit: 5 Minuten
Schwierigkeitsgrad: leicht

Zutaten:

6 cl Gin
4 cl Campari
6 cl frisch gepresster Zitronensaft
2 Eiweiß
2 cl Zuckersirup
etwas Soda
2 Orangenzesten
Eiswürfel

Zubereitung:

1. Etwas Eis in einen Shaker geben.

2. Gin, Campari, Zitronensaft, Eiweiß, Zuckersirup hinzugeben und kräftig 30-40 Sekunden schütteln.

3. Je 2 Eiswürfel in 2 Longdrink-Gläser geben, durch ein Barsieb gießen und gleichmäßig auf die Gläser verteilen.

4. Nach Belieben mit Soda auffüllen und mit einer Orangenzeste garniert servieren.

8.4 Martini Secco

Für 2 Drinks
Zubereitungszeit: 5 Minuten
Schwierigkeitsgrad: leicht

Zutaten:

10 cl Gin
2 cl Vermouth
2 Oliven
2 Zitronenzesten
Eiswürfel

Zubereitung:

1. Den Vermouth, Gin und das Eis in ein Rührglas geben und gut rühren.

2. Vorsichtig in ein gut gekühltes Martiniglas absei-hen.

3. Den Martini ohne Eis servieren, mit je einer Zitronenzeste und Olive garnieren.

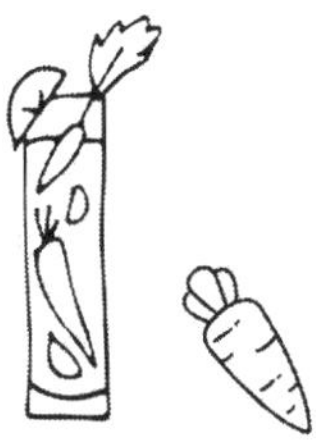

8.5 The Lord

Für 2 Drinks
Zubereitungszeit: 6 Minuten
Schwierigkeitsgrad: leicht

Zutaten:

8 cl Gin
4c l frisch gepresster Limettensaft
4 cl Lillet Blanc
2 cl Zuckersirup
4 Karottenscheiben

Zubereitung:

1. Gin, Limettensaft, Lillet Blanc, Zuckersirup in einen Shaker geben und kräftig schütteln.

2. Den Inhalt des Shakers durch ein Barsieb gießen und auf 2 Longdrink-Gläser verteilen.

3. Je einen Eiswürfel hinzugeben und mit je zwei Karottenscheiben garniert servieren.

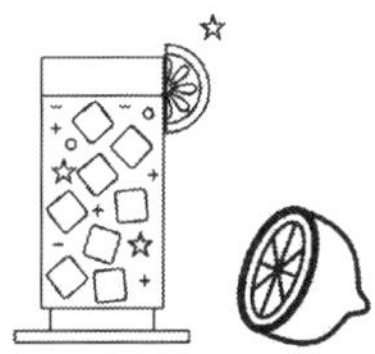

8.6 The Classic

Für 1 Drink
Zubereitungszeit: 1 Minuten
Schwierigkeitsgrad: leicht

Zutaten:

6 cl Gin
25 cl Tonic Water
große Eiswürfel
1 Zitronen- oder Limettenviertel

Zubereitung:

1. Ein Longdrink-Glas komplett mit Eiswürfeln füllen.
2. 6 cl Gin darüber gießen.
3. Das Glas mit gut gekühltem Tonic Water auffüllen.
4. Den Glasrand mit einem Zitronen- oder Limettenviertel garniert servieren.

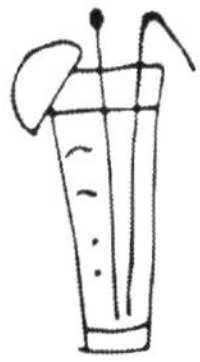

8.7 The Old Gin

Für 2 Drinks
Zubereitungszeit: 4 Minuten
Schwierigkeitsgrad: leicht

Zutaten:

12 cl Gin
2 TL Zucker
2 Spritzer Angostura Bitter
Eiswürfel
Soda
2 Orangenscheiben, leicht angeschnitten

Zubereitung:

1. 1 TL Zucker und je 3 cl Soda in ein Glas geben.
2. Jeweils 6 cl Gin und jeweils 1 Spritzer Angostura Bitter hinzufügen.
3. Mit Eiswürfel und Soda nach Belieben auffüllen.
4. Den Glasrand mit einer Orangenscheibe garnieren und servieren.

8.8 The Collins

Für 2 Drinks
Zubereitungszeit: 4 Minuten
Schwierigkeitsgrad: mittel

Zutaten:

10 cl Gin
6 cl Zitronensaft
4 cl Zuckersirup
Soda
2 Zitronenspalten
4 Eiswürfel

Zubereitung:

1. Je 2 cl Zuckersirup, 3 cl Zitronensaft, 5 cl Gin und je 2 Eiswürfel in ein Longdrink-Glas geben

2. Jedes Glas nach Belieben mit Soda auffüllen.

3. Den Glasrand mit einer Zitronenspalte garnieren und servieren.

8.9 Westside

Für 2 Drinks
Zubereitungszeit: 4 Minuten
Schwierigkeitsgrad: mittel

Zutaten:

12 cl Gin
4 cl Limettensaft
4 cl Zuckersirup
6-8 Blätter Minze
Champagner
4 Eiswürfel

Zubereitung:

1. Zunächst 2 Minzeblätter zur Seite legen. Zuckersirup, restliche Minze und Limettensaft in einem Shaker vorsichtig mixen.

2. 12 cl Gin und Eiswürfel in den Shaker hinzugeben und kräftig schütteln.

3. Den Inhalt des Shakers durch ein Barsieb gießen und auf 2 Champagner Gläser verteilen. Die Gläser mit Champagner ausfüllen. Jedes Glas mit einem Blatt frischer Minze dekorieren und servieren.

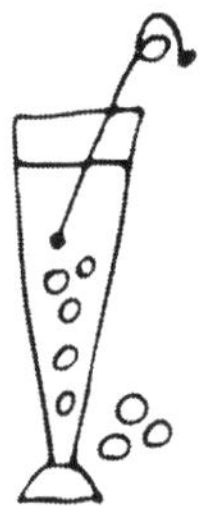

8.10 The Last Word

Für 2 Drinks
Zubereitungszeit: 3 Minuten
Schwierigkeitsgrad: leicht

Zutaten:

4 cl Gin
4 cl Chartreuse (grün)
4 cl Maraschino
4 cl Limettensaft
3 Eiswürfel

Zubereitung:

1. Maraschino, Chartreuse und frischen Limettensaft in einen Shaker geben.
2. Eiswürfel in den Shaker hinzufügen und kräftig schütteln.
3. Den Inhalt des Shakers durch ein Barsieb gießen und auf 2 Gläser verteilen und servieren.

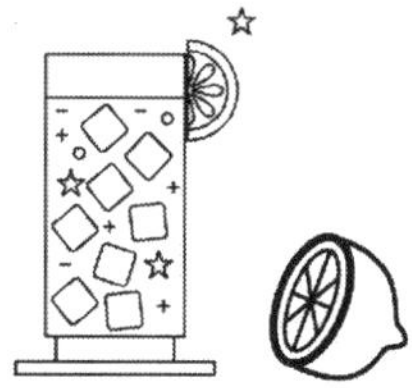

8.11 It`s Sour

Für 2 Drinks
Zubereitungszeit: 2 Minuten
Schwierigkeitsgrad: leicht

Zutaten:

10 cl Gin
6 cl Zitronensaft
4 cl Zuckersirup
10 cl Soda
Eiswürfel
2 Zitronenscheiben

Zubereitung:

1. Eiswürfel in den Shaker geben. Zitronensaft, Zuckersirup und Gin in den Shaker hinzufügen und kräftig shaken.
2. Die geschüttelte Flüssigkeit durch ein Barsieb gießen und auf 2 Tumbler-Gläser verteilen. Die Gläser mit etwas Soda auffüllen. Den Glasrand mit einer Zitronenscheibe garnieren und servieren.

8.12 Hot Red

Für 2 Drinks
Zubereitungszeit: 5 Minuten
Schwierigkeitsgrad: mittel

Zutaten:

12 cl Tomatensaft
10 cl Gin
2 cl Zitronensaft
2 cl Worchestersauce
4 Spritzer Tabasco
Selleriesalz
Eiswürfel

Zubereitung:

1. In je ein Glas 5 cl Gin, 1 cl Zitronensaft, 1cl Worcestersauce, 2 Spritzer Tabasco und Selleriesalz geben und gut verrühren. Das Glas mit Eiswürfeln auffüllen.
2. Je 6 cl Tomatensaft in ein Glas hinzugeben, umrühren und servieren.

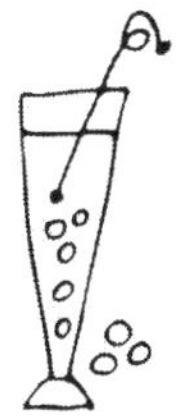

8.13 Negroni de Milan

Für 1 Drink
Zubereitungszeit: 3 Minuten
Schwierigkeitsgrad: mittel

Zutaten:

3 cl Campari
3 cl Gin
3 cl Roter Wermut
Tonic Water
4 Eiswürfel
Orangenzesten

Zubereitung:

1. Roter Wermut, Gin und Campari in ein Glas geben. Eiswürfel hinzugeben und umrühren.
2. Das Glas mit Tonic Water je nach Geschmack auffüllen und mit einer Orangenzeste garniert servieren.

8.14 Aviation

Für 2 Drinks
Zubereitungszeit: 5 Minuten
Schwierigkeitsgrad: mittel

Zutaten:

3 cl Maraschino
10 cl Gin
2 cl Cremé de Violette
3 cl Zitronensaft
2 cl Soda
2 gut gekühlte Martinigläser
Zucker

Zubereitung:

1. Am oberen Rand eines gekühlten Martini Glases mit einem Stück Zitrone oder Limetten entlangfahren und den Glasrand kurz in Zucker drücken.
2. Zucker dafür vorher flach in einen tiefen Teller geben. Die restlichen Zutaten in einem Shaker kurz und kräftig durchschütteln. Anschließend in das Glas füllen.

8.15 Knee of the Bee

Für 2 Drinks
Zubereitungszeit: 5 Minuten
Schwierigkeitsgrad: mittel

Zutaten:

6 TL Honig
12 cl Gin
4 cl Zitronensaft
3 Eiswürfel
Zitronenzesten

Zubereitung:

1. Gin und Honig in einem Shaker rühren bis sich der Honig aufgelöst hat.
2. Zitronensaft und Eiswürfel hinzugeben und kräftig shaken. In ein gekühltes Glas abseihen und mit einer Zitronenzeste garniert servieren.

8.16 Frenchy

Für 2 Drinks
Zubereitungszeit: 5 Minuten
Schwierigkeitsgrad: mittel

Zutaten:

6 cl Gin
4 cl Zitronensaft
2 cl Zuckersirup
20 cl Champagner
Eis
Cocktailkirschen

Zubereitung:

1. Zunächst das Sekt/Champagnerglas gut kühlen. Zuckersirup, Zitronensaft, Gin, Eis in einen Shaker geben und kräftig schütteln.

2. Die Flüssigkeit durch ein Barsieb in die gut gekühlten Gläser gießen. Mit Champagner auffüllen und mit einer Cocktailkirsche garniert servieren.

8.17 Drill

Für 2 Drinks
Zubereitungszeit: 3 Minuten
Schwierigkeitsgrad: leicht

Zutaten:

8 cl Lime Juice
12 cl Gin
1 cl Limettensaft
Eiswürfel

Zubereitung:

1. Den frisch gepressten Limettensaft mit Lime Juice und Gin in einen Shaker geben.

2. Eiswürfel hinzufügen. Kräftig shaken, bis der Cocktailshaker beschlagen ist.

3. Durch ein Barsieb abseihen und servieren.

8.18 The Crust

Für 2 Drinks
Zubereitungszeit: 5 Minuten
Schwierigkeitsgrad: mittel

Zutaten:

3 cl Maraschino Likör
12 cl Gin
3 cl Zitronensaft
2 Spritzer Cocktailbitter
Zitronenzesten
Eiswürfel

Zubereitung:

1. Gin, 2 Spritzer Cocktailbitter, Maraschino Likör, Zitronensaft und Eis in einen Shaker geben und kräftig shaken.

2. Inhalt des Shakers durch ein Barsieb gießen und auf die Gläser verteilen und mit Zitronenzesten servieren.

8.19 007

Für 2 Drinks
Zubereitungszeit: 4 Minuten
Schwierigkeitsgrad: leicht

Zutaten:

6 cl Gin
3 cl Vodka
1,5 cl trockener Wermut
Eiswürfel
2 dünne Zitronenscheiben

Zubereitung:

1. Weißen Wermut, Gin und Vodka mit den Eiswürfeln in einen Shaker geben und gut schütteln. Jedes gut gekühlte Martiniglas mit einer dünnen Zitronenscheibe garnieren.

2. Die Flüssigkeit durch ein Barsieb abseihen und servieren.

8.20 Vesper

Für 1 Getränk
Zubereitungszeit: 4 Minuten
Schwierigkeitsgrad: leicht

Zutaten:

6cl Gin
1,5cl Wodka
0,75cl Lillet Blonde
Eiswürfel
1 Zitrone

Zubereitung:

1. Aus der Zitronenschale eine kleine Spirale schneiden und in eine gekühlte Cocktailschale legen. Gin, Wodka und Lillet Blond mit Eiswürfeln im Shaker schütteln.

2. Ohne Eis in die Cocktailschale abseihen.

8.21 Pink Lady

Für 1 Getränk
Zubereitungszeit: 4 Minuten
Schwierigkeitsgrad: leicht

Zutaten:

4 cl Gin
3 Eiswürfel
1 Schuss Grenadine Sirup
1 ganzes Eiweiß
1 TL Zitronensaft
1 BL Puderzucker
1 Maraschino Kirsche

Zubereitung:

1. Bis auf die Kirsche, alles in einen Shaker geben und kräftig schütteln.

2. Samt den Eiswürfeln in eine Cocktailschale füllen und mit der Kirsche am Glasrand garnieren.

8.22 Muskatnuss Dry Gin

Für 2 Drinks
Zubereitungszeit: 5 Minuten
Schwierigkeitsgrad: leicht

Zutaten:

14 cl Gin
Tonic Water zum Auffüllen
1 unbehandelte Orange
2 Zimtstangen
2 Prisen Muskatnuss – frisch gerieben
Eiswürfel

Zubereitung:

1. Die Orange waschen und Zesten abschälen.

2. Die Zimststangen mit einem Feuerzeug kurz anflämmen, damit sich die ätherischen Öle entfalten.

3. Anschließend das Glas mit Eiswürfeln füllen, Zimtstangen und Gin hinzufügen. Die Orangenzesten über dem Glas ausdrücken und mit Tonic Water auffüllen.

4. Zum Schluss die Muskatnussprise dazu geben und servieren.

9. Fruchtige Gin-Rezepte

9.1 Blueberry Spark

Für 2 Drinks
Zubereitungszeit: 5 Minuten
Schwierigkeitsgrad: mittel

Zutaten:

8 cl Gin
2 cl Zitronensaft
12 cl Ginger Beer
24 Heidelbeeren
Eis

Zubereitung:

1. Heidelbeeren waschen und mit Zitronensaft im Shaker kurz mixen.
2. Eis und Gin in den Shaker hinzufügen. Lange und kräftig shaken.
3. Die Flüssigkeit in die mit Eis gefüllten Gläser geben und mit Ginger Beer auffüllen.

9.2 Limoncello Kissed Gin

Für 2 Drinks
Zubereitungszeit: 5 Minuten
Schwierigkeitsgrad: mittel

Zutaten:

3 cl frischer Limettensaft
9 cl Gin
3 cl Limoncello
2 frische Thymianzweige
etwas Eis

Zubereitung:

1. Frischer Limettensaft, Limoncello und Gin in einen Shaker geben und kräftig schütteln. Den Inhalt des Shakers durch ein Barsieb gießen und auf die mit Eis gefüllten Gläser verteilen.
2. Mit einem Thymianzweig garniert servieren.

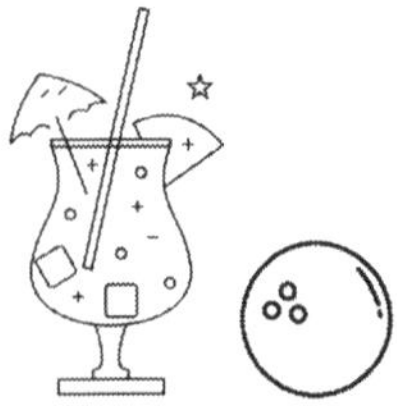

9.3 Blood Orange

Für 2 Drinks
Zubereitungszeit: 5 Minuten
Schwierigkeitsgrad: mittel

Zutaten:

12 cl Gin
4 cl Limettensaft
4 cl Blutorangensaft
4 cl Zuckersirup
4 Eiswürfel
2 Cocktailschalen mit braunem Zuckerrand

Zubereitung:

1. Das Eis und alle Zutaten in einen Shaker geben und gut schütteln.
2. Die Flüssigkeit in die beiden vorbereiteten Cocktailschalen durch ein Barsieb seihen und servieren.

9.4 Granate

Für 2 Drinks
Zubereitungszeit: 10 Minuten
Schwierigkeitsgrad: mittel

Zutaten:

Saft von 1 frischem Granatapfel (gefiltert)
2 TL frisch gepresster Limettensaft
Sodawasser
6 cl Gin
4 Eiswürfel

Zubereitung:

1. Granatapfelsaft, Limettensaft und Gin in einen Shaker geben und gut schütteln.
2. Je 2 Eiswürfel in ein Longdrink-Glas geben. Die Flüssigkeit aus dem Shaker gleichmäßig auf beide Gläser verteilen.
3. Nach Belieben mit Soda auffüllen.

9.5 Fall Over

Für 2 Drinks
Zubereitungszeit: 5 Minuten
Schwierigkeitsgrad: mittel

Zutaten:

10 cl Gin
5 cl frisch gepresster Limetten- oder Zitronensaft
5 cl Apfelsaft naturtrüb
30 cl Ginger Ale/ Ginger Beer
1 Shaker voll Eiswürfel
4 Apfelspalten

Zubereitung:

1. Gin, Apfelsaft und Zitronensaft in den mit Eis gefüllten Shaker geben und ca. 30 Sekunden kräftig schütteln.
2. Durch ein Barsieb in zwei Gläser füllen.
3. Einen Eiswürfel in jedes Glas geben und mit den Apfelspalten garniert servieren.

9.6 Bramble`S

Für 1 Drink
Zubereitungszeit: 5 Minuten
Schwierigkeitsgrad: mittel

Zutaten:

5 cl Gin
2 cl Zitronensaft
1 cl Zuckersirup
4-5 Brombeeren
Crushed Eis

Zubereitung:

1. Die Brombeeren in einem Trumbler-Glas leicht zerdrücken und das Crushed Eis hinzufügen.
2. Zuckersirup, Gin, Zitronensaft in das Glas geben und mit einem Löffel gut verrühren.
3. Garniert mit einer Brombeere servieren.

9.7 Clover Leaf

Für 2 Drinks
Zubereitungszeit: 3 Minuten
Schwierigkeitsgrad: leicht

Zutaten:

12 cl Gin
6 cl Zitronensaft
2 cl Himbeersirup
6 Himbeeren
2 Eiweiß

Zubereitung:

1. Zunächst alle Zutaten in einen Shaker geben.
2. Ohne Eiswürfel ca. 45 Sekunden schütteln bis ein Eiweißschaum entsteht.
3. Anschließend den Shaker mit Eiswürfeln füllen und weitere 15 Sekunden schütteln.
4. Doppelt gefiltert in die 2 Cocktailschalen abseihen und mit 2–3 Himbeeren anrichten.

9.8 Rosmary`S

Für 2 Drinks
Zubereitungszeit: 5 Minuten
Schwierigkeitsgrad: leicht

Zutaten:

14-16 Himbeeren
12 cl Gin
6 cl Limettensaft
4-6 cl Zuckersirup
2 kleine Thymianzweige

Zubereitung:

1. Für die Dekoration 4 Himbeeren und einen Thymianzweig zur Seite legen. Die restlichen Himbeeren zusammen mit dem Thymian im Shaker gut muddeln.
2. Zuckersirup je nach Geschmack, den Limettensaft und den Gin dazu geben und kräftig schütteln.
3. In ein Tumbler-Glas mit vorbereiteten Eiswürfeln den Cocktail aus dem Shaker abseihen.

4. Mit je einem kleinen Thymianzweig und je 2 Himbeeren pro Glas garnieren.

9.9 Strawberry`S

Für 2 Drinks
Zubereitungszeit: 5 Minuten
Schwierigkeitsgrad: mittel

Zutaten:

16 cl Gin
8 Erdbeeren
2 cl Limettensaft
2 cl Zuckersirup
Soda zum Auffüllen
Eiswürfel

Zubereitung:

1. 6 Erdbeeren und Eiswürfel auf 2 Longdrink-Gläser verteilen.

2. Eiswürfel, Gin, Limettensaft und Zuckersirup in einen Shaker geben und kräftig shaken.

3. Die Flüssigkeit in die 2 Longdrink-Gläser abseihen. Mit Soda aufgefüllt und mit je einer Erdbeere garniert servieren.

9.10 Chilling Cu Gin

Für 2 Drinks
Zubereitungszeit:
10 Minuten
Schwierigkeitsgrad: mittel

Zutaten:

12 cl Gin
3 TL frischer Rosmarin
1 Salatgurke
6 cl Zitronensaft
2 TL Zuckersirup
Soda zum Auffüllen
Eiswürfel
2 kleine Rosmarinzweige
4 dünne Scheiben Gurken

Zubereitung:

1. Geschälte Gurke zerkleinern und mit Rosmarin in einen Mixer geben und solange mixen bis ein Püree entsteht. Das Püree doppelt gesiebt in einen Shaker geben.

2. Zuckersirup, Zitronensaft und Gin hinzugeben und kräftig schütteln. Durch ein Barsieb in zwei mit Eis gefüllte Cocktailgläser nochmal abseihen.

3. Die Gläser mit je einem Zweig Rosmarin und 2 Scheiben Gurken garnieren und servieren.

9.11 Bramble`S Two

Für 2 Drinks
Zubereitungszeit: 3 Minuten
Schwierigkeitsgrad: leicht

Zutaten:

4 cl Sloe-Gin
4 cl Gin
4 cl Zitronensaft
2 cl Zuckersirup
4-6 Brombeeren
Eiswürfel
Crushed Eis

Zubereitung:

1. Etwas Eis in einen Shaker geben. Zuckersirup, Zitronensaft, Sloe Gin und Gin hinzufügen und kräftig schütteln.

2. Crushed Eis in 2 Gläser füllen und die Flüssigkeit durch ein Barsieb seihen und auf die Gläser verteilen. Mit Brombeeren garniert servieren.

9.12 Tropical Orange

Für 2 Drinks
Zubereitungszeit: 2 Minuten
Schwierigkeitsgrad: leicht

Zutaten:

6 cl Orangenlikör
4 cl Gin
8 cl Grapefruitsaft
12 cl Orangensaft
2 Stück Orangenschalen
12 Eiswürfel
Je 2 Orangen- und Ananasscheiben
Cocktailkirschen

Zubereitung:

1. Die Hälfte der Eiswürfel in einen Shaker geben.

2. Orangensaft, Orangenlikör, Grapefruitsaft und Gin hinzufügen und kräftig schütteln.

3. Den Inhalt des Shakers durch ein Barsieb gießen und auf 2 Longdrink-Gläser verteilen.

4. Mit je einer Orangen- und Ananasscheibe und einer Cocktailkirsche garniert servieren.

9.13 Singapore Sling

Für 2 Drinks
Zubereitungszeit: 2 Minuten
Schwierigkeitsgrad: leicht

Zutaten:

4 cl Kirschlikör
4 cl Gin
4 cl Zitronensaft
1 TL Zucker
fein geschnittene Zitronenschalenstreifen
zerhackte Eiswürfel

Zubereitung:

1. Kirschlikör, Gin, Zitronensaft und Zucker im Shaker auf das gehackte Eis geben und kräftig schütteln.

2. Ohne Abseihen in 2 Longdrink-Gläser füllen. Mit den fein geschnittenen Zitronenschalenstreifen garniert servieren.

9.14 Optimist`S

Für 2 Drinks
Zubereitungszeit: 5 Minuten
Schwierigkeitsgrad: mittel

Zutaten:

4 cl Creme de Cassis
6 cl Gin
4 cl Ananassaft
2 Schuss Orangensaft
2 Spritzer Maracujasirup
2 Cocktailkirschen
2 halbe Orangenscheiben
Eis

Zubereitung:

1. Eis in einen Shaker geben. Ananassaft, Gin und Maracujasirup hinzugeben und gut schütteln.

2. Die Flüssigkeit gleichmäßig auf 2 Cocktailgläser verteilen. Je 1 Schuss Orangensaft hinzugeben.

3. Je 2 cl Creme de Cassis langsam über den Rand einlaufen lassen. Mit einer Cocktailkirsche und halben Orangenscheibe garniert servieren.

9.15 Marao`S

Für 1 Drink
Zubereitungszeit: 2 Minuten
Schwierigkeitsgrad: leicht

Zutaten:

4 Orangeneiswürfel
1 Orangenscheibe
1 Limettenscheibe
1 cl Limettensaft
4 cl Gin
3 cl Soda

Zubereitung:

1. Orangeneiswürfel in ein Longdrink-Glas geben. Limettensaft und Gin zugeben und umrühren.

2. Das Glas mit Soda auffüllen und mit je einer Orangen- und Limettenscheibe garniert servieren.

9.16 Raspberry`S

Für 2 Drinks
Zubereitungszeit: 2 Minuten
Schwierigkeitsgrad: leicht

Zutaten:

2 Schuss Zitronensaft
8 cl Gin
0,6 l Waldbeersaft
100 g Himbeeren
1 Pck. Vanillinzucker
4 Blatt frische Minze

Zubereitung:

1. Zunächst 2 Himbeeren für die Dekoration auf die Seite legen, die restlichen Himbeeren pürieren. Himbeeren mit Zitronensaft und Vanillinzucker vermischen.

2. Gut durchgeschüttelt kühlen lassen. Waldbeersaft und Gin hinzugeben und gut shaken.

3. Den Inhalt des Shakers in 2 Cocktailgläser füllen. Mit Minzblättern und Himbeeren garniert servieren.

9.17 Lemon Shot

Für 2 Drinks
Zubereitungszeit: 2 Minuten
Schwierigkeitsgrad: leicht

Zutaten:

4 cl Gin – eisgekühlt
½ Zitrone
2 Pfefferminzblätter
2 halbe Zitronenscheiben

Zubereitung:

1. Zitrone auspressen. Pfefferminzblätter waschen und in die Shot Gläser geben.
2. Zitronensaft filtern und gleichmäßig auf die 2 Gläser verteilen. Je 2 cl Gin in ein Shot Glas geben. Mit je einer Zitronenscheibe garniert sofort servieren.

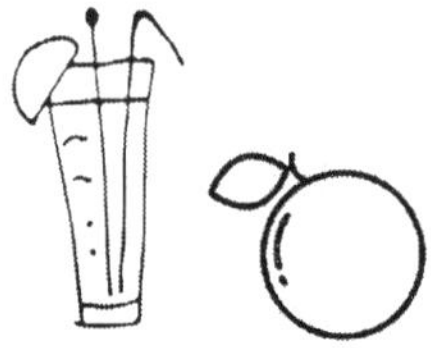

9.18 Rascal Gin

Für 1 Drink
Zubereitungszeit: 2 Minuten
Schwierigkeitsgrad: leicht

Zutaten:

3 cl Grenadine
6 cl Gin
10 cl Orangensaft
Eiswürfel

Zubereitung:

1. Longdrink-Glas mit Eiswürfeln füllen. Orangensaft und Gin hinzugeben und umrühren.
2. Am Schluss Grenadine langsam einlaufen lassen.

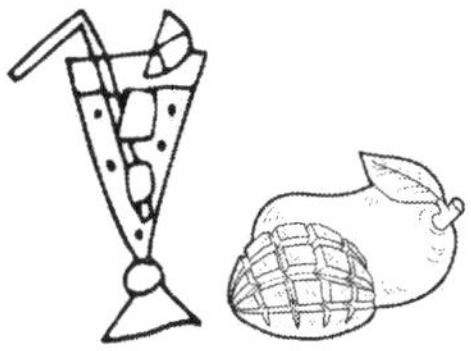

9.19 Blue`S

Für 2 Drinks
Zubereitungszeit: 2 Minuten
Schwierigkeitsgrad: leicht

Zutaten:

4 cl Maracujasaft
4 cl Gin
8 Stück Mango oder Melone (je nach Geschmack)
2 TL Blue Curacao
10 EL crushed Eis

Zubereitung:

1. Maracujasaft, Gin, zerkleinerte Mango oder Melone in einen Mixer geben.

2. Crushed Eis gleichmäßig auf die Gläser verteilen und die Flüssigkeit dazugeben.

3. Blue Curacao langsam in die Gläser füllen, verteilt sich im Drink wie "blaues Blut".

4. Am Besten sofort servieren.

9.20 Apple Spritz

Für 1 Drink
Zubereitungszeit: 2 Minuten
Schwierigkeitsgrad: leicht

Zutaten:

2 cl Gin
120 ml Soda
120 ml Apfelsaft
2 Stück Apfelchips

Zubereitung:

1. Gin in ein Longdrink-Glas füllen. Apfelsaft und Soda hinzugeben.

2. Das Glas mit Tonic Water auffüllen und mit 2 Apfelchips garniert servieren.

9.21 Ananas Bubble

Für 2 Drinks
Zubereitungszeit: 2 Minuten
Schwierigkeitsgrad: leicht

Zutaten:

4 cl Zuckersirup
8 cl Gin
4 cl Ananassaft
2 Schuss Soda
2 TL Zitronensaft
Eiswürfel
2 Ananasstückchen

Zubereitung:

1. Eiswürfel in einen Shaker geben. Zitronensaft, Ananassaft, Zuckersirup und Gin hinzugeben und kräftig schütteln.
2. Gleichmäßig auf 2 Longdrink-Gläser verteilen. Gläser mit Soda auffüllen.
3. Mit Ananasstückchen garniert servieren.

9.22 Cherry Sling

Für 2 Drinks
Zubereitungszeit: 2 Minuten
Schwierigkeitsgrad: leicht

Zutaten:

4 cl Zuckersirup
4 cl Zitronensaft
12 cl Gin
8 cl Kirschlikör
4 Eiswürfel
Cocktailkirschen

Zubereitung:

1. Gin, Zuckersirup und Zitronensaft im Shaker mixen. Je 2 Eiswürfel in ein Longdrink-Glas geben.
2. Je 4 cl Kirschlikör ins Glas hinzufügen. Anschließend die Gin-Mischung langsam in die Gläser füllen. Mit Cocktailkirschen garniert servieren.

9.23 GinCo

Für 2 Drinks
Zubereitungszeit: 2 Minuten
Schwierigkeitsgrad: leicht

Zutaten:

26 cl Cola
10 cl Gin
4 cl Zitronensirup
Eiswürfel
2 dünne Zitronenscheiben

Zubereitung:

1. Gin und Zitronensirup im Shaker mixen. Flüssigkeit durch ein Barsieb in 2 Cocktailschalen seihen. Jedes Glas mit 13 cl Cola auffüllen.

2. Mit einer Zitronenscheibe garniert servieren.

9.24 Cold Brew Coffee Gin

Für 2 Drinks
Zubereitungszeit: 2 Minuten
Schwierigkeitsgrad: leicht

Zutaten:

70 cl Gin nach Wahl
20 ml Cold Brew Coffee
2 kleine Gläser Tonic Water
2 Zitronenscheiben
4 Eiswürfel

Zubereitung:

1. 2 Cocktailgläser mit je 2 Eiswürfeln füllen. Je 35 cl Gin und 1 Glas Tonic Water hinzugeben.

2. Dann vorsichtig je 10 ml Cold Brew Coffee einlaufen lassen und mit einer Zitronenscheibe garniert servieren.

3. Alternativ 2-3 Kaffeebohnen zusätzlich in den Drink geben.

10. Spritzige Gin Rezepte

10.1 Orange Bubble

Für 2 Drinks
Zubereitungszeit: 2 Minuten
Schwierigkeitsgrad: leicht

Zutaten:

8 cl Orangensaft
16 cl Gin
30 cl Sekt
2 Stück dünne Orangen-scheiben
8 Eiswürfel

Zubereitung:

1. Orangensaft, Gin und Eis im Shaker mixen. Flüssigkeit durch ein Barsieb in 2 Longdrink-Gläser seihen.

2. Jedes Glas mit je 15 cl Sekt auffüllen und mit einer Orangenscheibe garniert servieren.

10.2 Sprinkle

Für 2 Drinks
Zubereitungszeit: 2 Minuten
Schwierigkeitsgrad: leicht

Zutaten:

20 cl trockener Weißwein (nach eigenem Geschmack)
4 cl Gin
16 cl Soda
2 Scheiben Salatgurke
4 Eiswürfel

Zubereitung:

1. Gin und Wein anteilig in ein großes Stielglas geben. In jedes Glas 2 Eiswürfel hinzugeben. Jedes Glas mit 8 cl Soda aufgießen.

2. Je 1 Gurkenscheibe ins Glas geben und servieren.

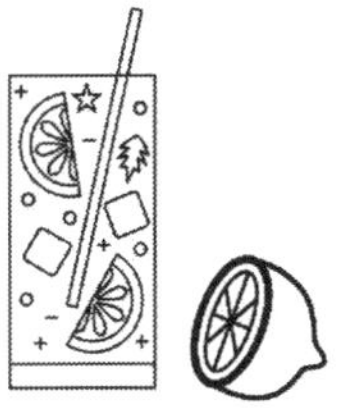

10.3 Ginny`S

Für 2 Drinks
Zubereitungszeit: 2 Minuten
Schwierigkeitsgrad: leicht

Zutaten:

4 cl roter Wermut
4 cl Grenadine Sirup
4 cl Gin
8 cl Zitronensaft
2 Schuss Tonic Water
6 Eiswürfel

Zubereitung:

1. Roten Wermut, Grenadine Sirup, Gin, Zitronensaft im Shaker mixen.
2. Je 3 Eiswürfeln in ein Longdrink-Glas geben.
3. Inhalt des Shakers auf die beiden Gläser gleichmäßig verteilen.
4. Mit je einem Schuss Tonic Water auffüllen und servieren.

10.4 French Gin

Für 2 Drinks
Zubereitungszeit: 2 Minuten
Schwierigkeitsgrad: leicht

Zutaten:

2 cl Zitronensaft
6 cl Gin
2 Schuss Sekt oder Champagner
2 TL Zuckersirup
4 Eiswürfel
Cocktailkirschen

Zubereitung:

1. Zunächst die Eiswürfel in den Shaker geben. Zitronensaft, Zuckersirup, Gin hinzugeben und gut mixen.
2. Den Inhalt des Shakers auf 2 gut gekühlte Champagnerschalen abseihen.
3. Die Glasschalen mit Champagner/Sekt auffüllen. Mit Cocktailkirschen garniert servieren.

10.5 Ching`S

Für 1 Drink
Zubereitungszeit: 2 Minuten
Schwierigkeitsgrad: leicht

Zutaten:

3 cl Gin
2 cl Zitronensaft
1 cl Zitronensirup
9 cl Sekt – gut gekühlt
1 Zitronenscheiben

Zubereitung:

1. Gin, Zitronensaft und Zitronensirup in ein Longdrink-Glas füllen.
2. Das Glas mit Sekt und anschließend mit Tonic Water auffüllen.
3. Mit einer Zitronenscheibe garniert servieren.

10.6 Alp Meets Gin

Für 2 Drinks
Zubereitungszeit: 2 Minuten
Schwierigkeitsgrad: leicht

Zutaten:

20 cl Almdudler
10 cl Gin
4 cl Limettensaft
6 dünne Scheiben Salatgurke
8 Blätter Minze oder Petersilie – je nach Geschmack
6 Eiswürfel

Zubereitung:

1. Limettensaft und Gin gleichmäßig auf 2 Gläser verteilen.
2. Je 3 Gurkenscheiben und 3 Eiswürfel in jedes Glas geben. Mit Almdudler aufgießen.
3. Mit Minze oder Petersilie garniert servieren.

10.7 FlyAway

Für 2 Drinks
Zubereitungszeit: 2 Minuten
Schwierigkeitsgrad: leicht

Zutaten:

4 cl Zitronensaft
4 cl Gin
6 cl Sekt
2 Eiswürfel
2 Cocktailkirschen

Zubereitung:

1. Eiswürfel, Gin und Zitronensaft in einen Shaker geben und gut mixen.

2. Auf 2 Cocktailschalen gleichmäßig verteilen. Anschließend die Gläser mit Sekt auffüllen.

3. Mit einer Cocktailkirsche garniert servieren.

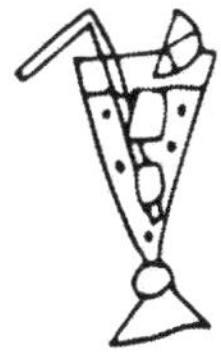

10.8 Silver Red

Für 2 Drinks
Zubereitungszeit: 2 Minuten
Schwierigkeitsgrad: leicht

Zutaten:

2 cl Zuckersirup
4 cl Gin
12 cl Sekt
4 cl Campari
24 cl Soda
2 Zitronenvierteln
4 Eiswürfel

Zubereitung:

1. Eis in den Shaker geben. Zuckersirup, Campari und Gin hinzugeben und gut mixen.

2. Den Inhalt des Shakers in 2 Longdrink-Gläser durch ein Barsieb gießen. Jedes Glas mit Sekt auffüllen.

3. Mit je 1 Zitronenviertel anspritzen.

10.9 Loop

Für 1 Drink
Zubereitungszeit: 2 Minuten
Schwierigkeitsgrad: leicht

Zutaten:

2 cl Kirschbrandy
5 cl Gin
1 EL Zitronensirup
12 cl Soda
4 Eiswürfel
Strohhalm

Zubereitung:

1. 4 Eiswürfel in ein Longdrink-Glas geben. Kirschbrandy, Gin und Zitronensirup hinzugeben.
2. Das Glas mit Soda auffüllen. Strohhalm ins Glas geben und servieren.

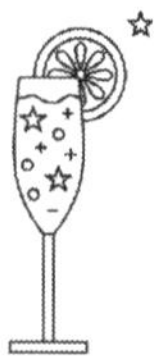

10.10 G`S Champagne

Für 2 Drinks
Zubereitungszeit: 5 Minuten
Schwierigkeitsgrad: leicht

Zutaten:

10 cl Gin
4 cl Limettensaft
Je nach Geschmack Champagner oder trockener Sekt
2 kleine Rosmarinzweige
4 Eiswürfel

Zubereitung:

1. Eiswürfel in den Shaker geben. Gin und Limettensaft hinzufügen und gut mixen.
2. Inhalt des Shakers durch ein Barsieb in 2 Champagner/Sekt Gläser abseihen.
3. Die Gläser mit Champagner oder trockenem Sekt auffüllen.
4. Mit dem Rosmarinzweig je Glas garniert servieren.

10.11 Lemon Starter

Für 2 Drinks
Arbeitszeit: 20 Minuten
Ruhezeit: 1 Std
Schwierigkeitsgrad: leicht

Zutaten:

16 cl eisgekühlter, trockener Sekt
14 cl Gin
1,5 EL Zucker
2 Zitronen
1 großer Rosmarinzweig
2 kleine Rosmarinzweige
4 Eiswürfel

Zubereitung:

1. Backofen und Backblech bei 200° Umluft erwärmen.
2. Zitronen halbieren, mit den Schnittflächen nach unten auf das heiße Backblech legen und ca. 8 Minuten backen. Aus dem Ofen nehmen und abkühlen lassen.
3. Die abgekühlten Zitronen auspressen. Gewaschene und abgezupfte Rosmarinblätter mit dem Zucker zerdrücken.
4. Gin und Zitronensaft dazugeben und gut verrühren und abdecken.
5. Die Mischung anschließend 1-2 Stunden im Kühlschrank kalt stellen. Vor dem Servieren durch ein Sieb in 2 Gläser abseihen.
6. Im Verhältnis 1:1 mit dem eisgekühlten, trockenen Sekt aufgießen.
7. Mit den kleinen Rosmarinzweigen je Glas garniert servieren.

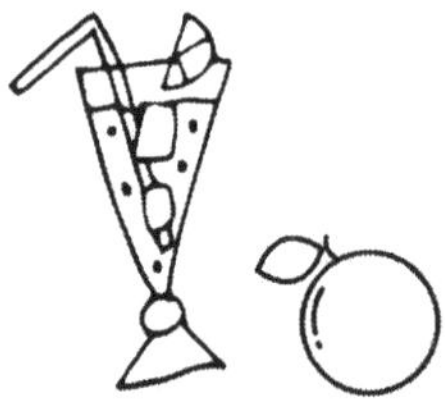

10.12 Fireball`S

Für 2 Drinks
Zubereitungszeit: 2 Minuten
Schwierigkeitsgrad: leicht

Zutaten:

6 cl Orangenlikör
4 cl Gin
10 cl Tonic Water
2 Stück Orangenschalen
4 Eiswürfel

Zubereitung:

1. Orangenlikör, Gin und Eis im Shaker mixen. Durch ein Barsieb abgießen und auf 2 Longdrink-Gläser verteilen.

2. Jedes Glas mit Tonic Water auffüllen. Mit einer Cocktailkirsche und Orangenschale garniert servieren.

10.13 In The Spotlight

Für 2 Drinks
Zubereitungszeit: 2 Minuten
Schwierigkeitsgrad: leicht

Zutaten:

6 cl Kirschlikör
2 cl Gin
2 cl Campari
2 cl trockener Wermut
12 cl Sekt
2 Cocktailkirschen
2 Weintrauben
2 Orangenscheibenviertel
3 Eiswürfel

Zubereitung:

1. Die Eiswürfel in ein Rührglas geben. Kirschlikör, Gin, Campari und trockenen Wermut hinzugeben und gut verrühren.

2. Die Flüssigkeit durc ein Barsieb gießen und auf 2 Sektschalen aufteilen. Die Gläser mit dem gut gekühlten Sekt auffüllen.

3. Je 1 Cocktailkirsche, 1 Weintraube, 1 Orangenviertel auf einen Cocktailstick stecken und servieren.

10.14 The Waltz

Für 2 Drinks
Zubereitungszeit: 5 Minuten
Schwierigkeitsgrad: leicht

Zutaten:

6 cl Wermut
6 cl Gin
12 cl gut gekühlter Sekt
ein paar Tropfen Zitronensaft
4 EL crushed Eis
2 Strohhalme

Zubereitung:

1. Zerstoßenes Eis in den Shaker geben. Wermut, Gin, Zitronensaft hinzufügen und gut im Shaker mixen.

2. Durch ein Barsieb gießen und auf 2 Cocktailgläser verteilen. Die Gläser mit dem gut gekühlten Sekt auffüllen.

3. Strohhalm in die Gläser geben und servieren.

10.15 Water from Valencia

Für 2 Drinks
Zubereitungszeit: 5 Minuten
Schwierigkeitsgrad: leicht

Zutaten:

20 cl Orangensaft
5 cl Gin
5 cl Vodka
70 cl spanischer Sekt gut gekühlt
etwas Zucker

Zubereitung:

1. Orangensaft, Gin, Vodka in den Shaker geben und gut mixen.

2. Sekt in den Shaker hinzugeben und gut verrühren.

3. Den Inhalt des Shakers auf 2 Gläser aufteilen und Zucker hinzufügen.

10.16 Dew

Für 2 Drinks
Zubereitungszeit: 5 Minuten
Schwierigkeitsgrad: leicht

Zutaten:

6 cl Gin
3 cl Zitronensaft
2 Spritzer Pernod
gut gekühlten Sekt zum Auffüllen
100 g kleingeschnittene Honigmelone
4 Eiswürfel

Zubereitung:

1. Eiswürfel in einen Mixer hingeben. Gin, Zitronensaft, Pernod hinzugeben und ca. 30 Sekunden pürieren. Anschließend auf 2 große Gläser verteilen.

2. Die Gläser mit Sekt nach Wunsch auffüllen.

3. Mit Melonenstückchen garniert servieren.

10.17 Look at the Sea

Für 2 Drinks
Zubereitungszeit: 2 Minuten
Schwierigkeitsgrad: leicht

Zutaten:

4 cl Blue Curacao
4 cl Gin
4 cl Zitronensaft
gut gekühlten Sekt zum Auffüllen
4 Eiswürfel

Zubereitung:

1. Zuerst Eiswürfel in den Shaker geben. Zitronensaft, Gin und Blue Curacao hinzugeben und kräftig shaken.

2. Durch ein Barsieb gießen und auf 2 Cocktailschalen verteilen.

3. Nach Belieben mit dem gut gekühlten Sekt aufgießen.

10.18 Cucumber Cocktail

Für 2 Drinks
Zubereitungszeit:
10 Minuten
Schwierigkeitsgrad: leicht

Zutaten:

2 Salatgurken – leicht angefroren
4 Zitronen ausgepresst
20 g frisch geriebenen Ingwer
2 EL grünen Tabasco
16 cl Gin
gut gekühlten Sekt zum Auffüllen
2 Melonenspalten

Zubereitung:

1. Die Salatgurken in kleine Stückchen schneiden und mit dem geriebenen Ingwer in einen Mixer geben. Mixen und im Anschluss durch ein Sieb gießen.
2. Den Gurkensaft mit Zitronensaft, grünem Tabasco und Gin mischen.
3. Die Flüssigkeit auf 2 Gläser verteilen und nach Belieben mit dem gut gekühlten Sekt auffüllen.
4. Die Gläser mit Melonenspalten garniert servieren.

10.19 Tealess Ice

Für 2 Drinks
Zubereitungszeit: 5 Minuten
Schwierigkeitsgrad: leicht

Zutaten:

4 cl Orangensaft
4 cl Gin
4 cl trockener gekühlter Sekt
4 cl weißer Tequila
6 cl brauner Rum
6 cl Wodka
6 cl Zitronensaft oder Limettensaft
Gekühlte Cola
Crushed Eis

Zubereitung:

1. Orangensaft, Gin, Sekt, weißen Tequila, braunen Rum, Wodka, Zitronensaft mit Eis in einen Shaker geben und 15 Sekunden kräftig schütteln.
2. Den Inhalt des Shakers auf 2 Cocktailgläser verteilen. Mit gut gekühlten Cola und Eis nach Belieben auffüllen und servieren.

10.20 Venice

Für 2 Drinks
Zubereitungszeit: 5 Minuten
Schwierigkeitsgrad: leicht

Zutaten:

6 cl Campari
6 cl Gin
2 Spritzer Angostura bitter
6 cl Cranberry Saft
2 cl frisch gepresster Limettensaft
4 Eiswürfel
2 Limettenscheiben
2 Physalis

Zubereitung:

1. Zuerst Eiswürfel in den Shaker geben.
2. Campari, Gin, Angostura, Cranberry Saft und Limettensaft hinzugeben und kräftig shaken.
3. Den Inhalt des Shakers auf 2 Cocktailschalen verteilen, mit je einer Limettenscheibe und Physalis garniert servieren.

10.21 Pepe`s Gin Tonic

Für 2 Drinks
Zubereitungszeit: 2 Minuten
Schwierigkeitsgrad: leicht

Zutaten:

6 Wacholderbeeren
2 Limettenscheiben
2 Blätter Zitronenkraut
2 Streifen Zitronenschalen (unbehandelt)
6 cl Gin
24 cl Tonic Water
4 Eiswürfel

Zubereitung:

1. Wacholderbeeren, Limettenscheiben, Zitronenkraut, Zitronenschalen und Eis in 2 Gläser verteilen.

2. Gin und Tonic Water hinzufügen. Gut verrühren und servieren.

10.22 Rasperry Limetten Gin

Für 1 Drink
Zubereitungszeit: 2 Minuten
Schwierigkeitsgrad: leicht

Zutaten:

2 EL Himbeeren
1 TL Rohrzucker
1 EL frischer Limettensaft
1 cl Gin
100 ml Tonic Water
1 halbe Limettenscheiben
1 Himbeere zum Dekorieren

Zubereitung:

1. Die Himbeeren durch ein Sieb in ein Glas drücken.

2. Limettensaft und Rohrzucker hinzugeben und rühren bis sich der Zucker auflöst.

3. Gin in das Glas hinzugeben und mit Tonic Water aufgießen. Mit einer halben Limettenscheibe und einer Himbeere garniert servieren.

11. Gin Rezepte für den Sommer

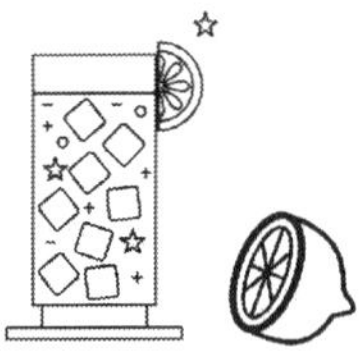

11.1 Pink Day

Für 1 Drink
Zubereitungszeit: 2 Minuten
Schwierigkeitsgrad: leicht

Zutaten:

2 cl Limettensaft
6 cl Pink Gin
12 cl Pink Tonic Water
6 Eiswürfel
1 Strohhalm

Zubereitung:

1. Eiswürfel in ein Highball Glas geben. Den Limettensaft und Pink Gin hinzugeben.

2. Das Glas mit 12 cl Pink Tonic Water auffüllen.

3. Strohhalm ins Glas geben und servieren.

11.2 Green Chiller

Für 2 Drinks
Zubereitungszeit:
16 Minuten
Schwierigkeitsgrad: mittel

Zutaten:

12 cl Gin
3 TL frischer Rosmarin
1 Salatgurke
6 cl Zitronensaft
2 TL Zuckersirup
Soda zum Auffüllen
Eiswürfel
4 Scheiben Gurken
2 kleine Rosmarinzweige

Zubereitung:

1. Die geschälte und in Stücke geschnittene Gurke mit Rosmarin in einen Mixer geben.

2. So lange mixen, bis ein feines Püree entsteht. Dop-

pelt gesiebt in einen Shaker geben.

3. Zitronensirup, Zitronensaft und Gin dazugeben und kräftig shaken.

4. Eiswürfel in 2 Cocktailgläser geben und den Inhalt aus dem Shaker abseihen.

5. Nach Belieben mit Soda auffüllen und mit Gurkenscheiben und Rosmarin garniert servieren.

11.3 Fruity Cup

Für 2 Drinks
Zubereitungszeit:
10 Minuten
Schwierigkeitsgrad: mittel

Zutaten:

2 cl Cointreau
8 cl Gin
4 cl Roter Wermut
gut gekühltes Ginger Ale zum Auffüllen
4 gewaschene Minzblätter
2 dünne Apfelspalten
4 dünne Gurkenscheiben
6-8 Himbeeren oder Brombeeren
Eiswürfel

Zubereitung:

1. Cointreau, Gin, Roter Wermut und etwas Eis im Shaker kurz mixen.

2. Minzblätter, Apfelspalten, Gurkenscheiben, Beeren in 2 Longdrink-Gläser geben.

3. Den Inhalt aus dem Shaker durch ein Barsieb gießen und auf die Longdrink-Gläser verteilen.

4. Die Gläser mit Ginger Ale auffüllen.

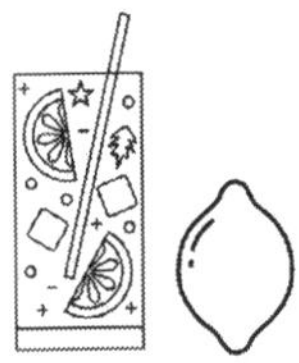

11.4 Rickey`S

Für 2 Drinks
Zubereitungszeit: 2 Minuten
Schwierigkeitsgrad: leicht

Zutaten:

4 cl frischer Limettensaft
8 cl Gin
3 cl Zuckersirup
Soda
Eiswürfel
2 halbe Limettenscheiben
4 – 6 Limettenspalten

Zubereitung:

1. 2 Gläser mit Eis befüllen.
2. In jedes Glas 2 cl Limettensaft und 2-3 Limettenspalten geben.
3. Gin und Zuckersirup hinzugeben und umrühren. Das Longdrink-Glas mit Soda nach Belieben auffüllen.
4. Mit Limettenscheibe garniert servieren.

11.5 Just Summer

Für 2 Drinks
Zubereitungszeit: 3 Minuten
Schwierigkeitsgrad: leicht

Zutaten:

12 cl Gin Likör (kräutrig, würzig)
6 Scheiben Salatgurke
ein paar Blätter frische Minze
2 Orangenscheiben
Sprite oder Ginger Ale zum Auffüllen

Zubereitung:

1. Je 3 Gurkenscheiben und 1 Orangenscheiben in ein Glas geben und Eiswürfel hinzufügen.
2. In jedes Glas je 6 cl Gin Likör hinzugeben. Je nach Geschmack mit Sprite oder Ginger Ale das Glas auffüllen.
3. Mit kleinen Minzblumen oder Minzblättern garniert servieren.

11.6 Cool Kiwi

Für 2 Drinks
Zubereitungszeit: 3 Minuten
Schwierigkeitsgrad: leicht

Zutaten:

10 cl Gin
2 Kiwi
18 Blätter Estragon
5 cl Limettensaft
3 cl Zuckersirup
Soda zum Auffüllen
Eiswürfel

Zubereitung:

1. Die Kiwis schälen, in Stücke schneiden und mit den Estragon Blättern in einem Shaker muddeln.
2. Zuckersirup, Limettensaft, Gin und etwas Eis hinzugeben und kräftig schütteln.
3. Zwei Gläser mit Eiswürfeln füllen.
4. Inhalt des Shakers durch ein Barsieb abseihen und gleichmäßig auf beide Gläser verteilen. Mit Estragon garniert servieren.

11.7 Duke

Für 2 Drinks
Zubereitungszeit: 2 Minuten
Schwierigkeitsgrad: leicht

Zutaten:

3 cl Ingwer Likör
6 cl Gin
10 cl Apfelsaft
20 cl Tonic Water Holunder
2 Apfelscheiben
2 Blatt Minze
Eiswürfel

Zubereitung:

1. 2 Weingläser mit je 3 – 4 Eiswürfeln füllen.
2. Ingwer Likör, Gin und Apfelsaft anteilsmäßig in die Gläser hinzugeben. Mit Tonic Water Holunder auffüllen und verrühren.
3. Mit Apfelscheiben und Minzblättern garniert servieren.

11.8 Dreamy Apricot

Für 2 Drinks
Zubereitungszeit: 2 Minuten
Schwierigkeitsgrad: leicht

Zutaten:

4 cl Aprikosenbrandy
4 cl Gin
10 cl Maracuja Nektar
10 cl Aprikosen Nektar
6 Aprikosenspalten
Eiswürfel

Zubereitung:

1. Eiswürfel, Aprikosen Nektar, Maracuja Nektar, Brandy und Gin in einen Shaker geben und kräftig shaken.

2. Den Inhalt des Shakers in 2 Gläser abseihen. Mit je 3 Aprikosenspalten garniert servieren.

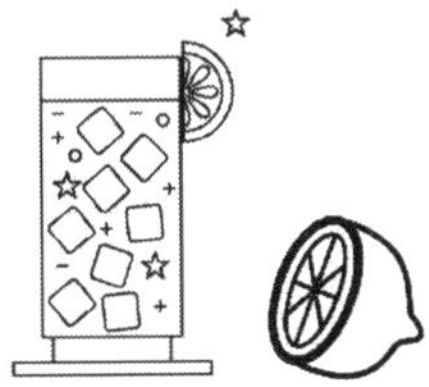

11.9 Hinny

Für 2 Drinks
Zubereitungszeit: 2 Minuten
Schwierigkeitsgrad: leicht

Zutaten:

1 Limette
12 cl Gin
18 cl Ingwer Bier
2 Limettenscheiben
Eiswürfel

Zubereitung:

1. Je 2 Eiswürfel in ein Longdrink-Glas geben. Die Limette auspressen und den Saft hinzugeben.

2. Den Gin darüber gießen. Das Longdrink-Glas mit Ingwer Bier nach Geschmack auffüllen.

3. Mit Limettenscheibe garniert servieren.

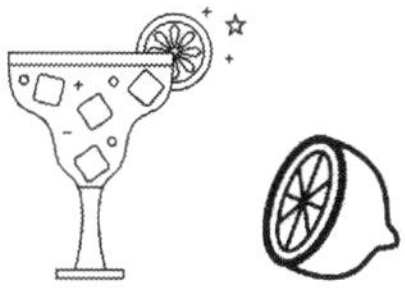

11.10 Lady in White

Für 2 Drinks
Zubereitungszeit: 2 Minuten
Schwierigkeitsgrad: leicht

Zutaten:

4 cl frisch gepresster Zitronensaft
8 cl Gin
4 cl Cointreau
4 Eiswürfel
2 Strohhalme

Zubereitung:

1. Eiswürfel, Gin, Cointreau und frisch gepressten Zitronensaft in einen Shaker geben und kräftig shaken.
2. Den Inhalt des Shakers in 2 Cocktailschalen füllen.
3. Einen Strohhalm in das Glas geben und servieren.

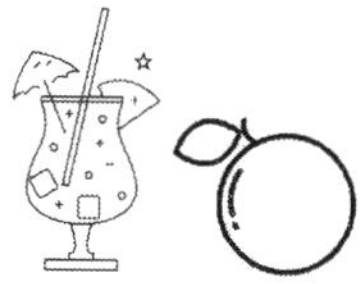

11.11 Cuban Night

Für 2 Drinks
Zubereitungszeit: 2 Minuten
Schwierigkeitsgrad: leicht

Zutaten:

16 cl Almdudler
8 cl Blue Curacao
8 cl Weißer Rum
8 cl Gin
8 cl Orangensaft
20 cl Limettensaft
2 halbe Orangenscheiben
2 Strohhalme

Zubereitung:

1. Eiswürfel, Almdudler, Gin, Weißer Rum, Orangensaft und Limettensaft in einen Shaker geben und gut schütteln.
2. Je 4 cl Blue Curacao in ein bauchiges Glas füllen. Den Mix aus dem Shaker vorsichtig in die Gläser abseihen.
3. Mit je einer Orangenscheibe und einem Strohhalm garniert servieren.

11.12 Theater

Für 2 Drinks
Zubereitungszeit: 2 Minuten
Schwierigkeitsgrad: leicht

Zutaten:

8 cl Gin
20 cl Johannisbeersaft
8 cl Melonenschnaps
20 cl prickelndes Wasser
4 cl Zuckersirup
8 Eiswürfel
4 Zweige frische Johannisbeeren

Zubereitung:

1. Eiswürfel, Gin, Johannisbeersaft, Melonenschnaps und Zuckersirup in einem Shaker gut mixen.
2. Die Flüssigkeit in 2 Longdrink Gläser geben.
3. Jedes Glas mit Mineralwasser nach Geschmack auffüllen.
4. Die Gläser mit den Johannisbeerzweigen servieren.

11.13 Litschi Tonic

Für 2 Drinks
Zubereitungszeit: 2 Minuten
Schwierigkeitsgrad: leicht

Zutaten:

8 frische Litschi geschält und entkernt
2 Limettenscheiben
2 Schuss Limettensirup
4 cl Gin
30 cl Tonic Water
2 Eiswürfel

Zubereitung:

1. Je 1 Eiswürfel in ein Highball Glas geben.
2. Die Litschi schälen und entkernen, je 4 Litschi und eine Limettenscheibe hinzugeben.
3. Limettensirup und Gin darüber gießen und umrühren.
4. Mit Tonic Water auffüllen und genießen.

11.14 Red Gin

Für 2 Drinks
Zubereitungszeit: 2 Minuten
Schwierigkeitsgrad: leicht

Zutaten:

2 kleine Rote Rüben gekocht und geschält
16 cl Gin
12 cl Tonic Water
2 dünne Rote Rübenscheiben
2 Scheiben Zitronen
4 Eiswürfel

Zubereitung:

1. Die Roten Rüben schälen und kochen, anschließend in kleine Stücke schneiden.

2. Mit dem Gin in einem verschließbaren Glas 4 Tage im Kühlschrank ziehen lassen.

3. 2 Eiswürfel in jedes Glas geben.

4. Gin durch ein Sieb gießen und gleichmäßig in beide Gläser verteilen.

5. Mit einer Zitronen- und Rote Rübenscheibe garniert servieren.

11.15 Surf

Für 1 Drink
Zubereitungszeit: 2 Minuten
Schwierigkeitsgrad: leicht

Zutaten:

4 cl Blue Curacao
2 cl Gin
1 cl Zitronensaft
1 cl Limettensaft
1 Schuss Bitter Orange
15 cl Tonic Water
3 Eiswürfel
1/2 Orangenscheiben
Strohhalm

Zubereitung:

1. Die Eiswürfel in ein Longdrink-Glas geben.

2. Blue Curacao, Gin, Zitronen- und Limettensaft sowie einen Schuss Bitter Orange hinzugeben.

3. Mit einem Strohhalm unterrühren und mit einer Orangenscheibe garniert servieren.

11.16 Basil Sorbet

Für 2 Portionen
Zubereitungszeit:
ca. 2 Stunden mit Kühlzeit
Schwierigkeitsgrad: leicht

Zutaten:

1 Blatt weiße Gelatine
12 cl frisch gepresster Zitronensaft
12 cl frisch gepresster Limettensaft
100 g Zucker
200 ml Wasser
4 Basilikumzweige
6 EL Gin

Zubereitung:

1. Zucker, Zitronen- und Limettensaft und Basilikum im Wasser aufkochen.

2. Die Gelatine in Wasser einweichen und gut ausdrücken. Gelatine in den Zucker-Zitronen-Limettensaft hinzugeben.

3. Vorsichtig rühren bis die Gelatine aufgelöst ist, von der Kochstelle nehmen und abkühlen lassen.

4. Basilikum entfernen und den Gin hinzugeben. In der Eismaschine ca. 20 Minuten gefrieren lassen bis es cremig ist.

5. Das Sorbet aus der Eismaschine nehmen und etwa 30 Minuten in das Gefrierfach stellen.

6. Als Sorbet in Dessertschalen servieren. Alternativ mit rotem Fruchtpüree oder Fruchtsauce übergießen.

11.17 Half Frozen Gin

Für 4 Portionen
Zubereitungszeit:
6 Std mit Kühlzeit
Schwierigkeitsgrad: leicht

Zutaten:

200 g Zucker
4 EL Gin
26 cl Tonic Water
½ Zitrone unbehandelt
½ Limette unbehandelt
500 ml Wasser
1 Eiweiß

Zubereitung:

1. Zucker im Wasser bei schwacher Hitze auflösen und abkühlen lassen.
2. Tonic Water hinzufügen, umrühren und in den Kühlschrank stellen.
3. In der Zwischenzeit die Zitrone und Limette waschen und halbieren. Von der Zitrone und Limette etwas Schale abreiben, die jeweiligen Hälften auspressen und zusammen mit Gin hinzugeben.
4. In ein Gefriergefäß geben und etwa 2 Stunden ins Gefrierfach stellen.
5. Das Eiweiß mit einem Mixer steif schlagen und ganz vorsichtig unter die Masse heben. Anschließend weitere 4 Stunden ins Gefrierfach stellen.
6. Alle 30 Minuten die Masse mit einer Gabel leicht auflockern. Sorbet in 2 Dessertschalen geben. Nach Geschmack mit Himbeeren oder Erdbeeren garnieren.

11.18 Lemon Sorbet

Für 4 Portionen
Zubereitungszeit:
ca. 3 Stunden
Schwierigkeitsgrad: leicht

Zutaten:

150 g Zucker
500 ml Wasser
abgeriebene Schale von 2 Limetten
4 Limetten
1 Eiweiß
12 EL Gin
Zitronenmelisse

Zubereitung:

1. Limettenschale, Zucker und Wasser unter ständigem Rühren aufkochen lassen. Von der Kochstelle nehmen und abkühlen lassen. In der Zwischenzeit die Limetten auspressen und das Eiweiß steif schlagen.

2. Das abgekühlte Zuckerwasser, den Limettensaft und das Eiweiß vorsichtig verrühren. In eine Schüssel füllen und ca. 1 Stunde ins Gefrierfach stellen. Die Masse alle 30 Sekunden durchrühren.

3. Mit einem Eisportionierer jeweils 1 Kugel in eine Dessertschale geben und jeweils 3 EL Gin vorsichtig darüber verteilen. Mit Zitronenmelisse garniert servieren.

11.19 Green Gin Sorbet

Für 4 Portionen
Zubereitungszeit:
75 Minuten
Schwierigkeitsgrad: leicht

Zutaten:

180 g Zucker
20 cl Wasser
1 Salatgurke unbehandelt
1 Limette ausgepresst
20 cl Tonic Water
10 cl Gin

Zubereitung:

1. Zucker und Wasser aufkochen bis sich der Zucker aufgelöst hat. Anschließend den Sirup abkühlen lassen.

2. Die Salatgurke waschen, entkernen und in kleine Stücke schneiden. Den abgekühlten Sirup, Limettensaft und die Gurkenstückchen mit dem Tonic Water fein pürieren.

3. Den Gin hinzugeben und noch einmal kurz pürieren. Die Masse in eine Eismaschine geben und gefrieren lassen.

4. Mit dem Eisportionierer 1 Kugel in eine Dessertschale geben, mit einer Gurkenscheibe garnieren und servieren.

11.20 Orangen Sorbet

Für 4 Portionen
Zubereitungszeit:
75 Minuten
Schwierigkeitsgrad: leicht

Zutaten:

500 ml frisch gepresster Orangensaft
100 g Zucker
frische Minze
1 EL Gin/Portion

Zubereitung:

1. Eine Orange waschen und die Schale abreiben. Alle Orangen auspressen. Orangenabrieb, Orangensaft und Zucker unterrühren und aufkochen.

2. Sobald sich der Zucker auflöst, die Flüssigkeit durch ein feines Sieb gießen.

3. Die abgekühlte Masse in einer Eismaschine ca. 60

Minuten rühren lassen bis die Masse cremig ist.

4. Je eine Kugel in eine Dessertschale geben und pro Kugel einen EL Gin vorsichtig darüber geben. Mit Minze garniert servieren.

11.21. Long Island Ice Tea

Für 1 Drink
Zubereitungszeit: 3 Min
Schwierigkeitsgrad: leicht

Zutaten:

2cl Gin
2cl Wodka
2cl Weißer Rum
2cl Weißer Tequila
2cl Triple Sec
Saft einer halben Limette
Cola
Eiswürfel
Crushed ice

Zubereitung:

1. Bis auf das Crushed Ice und Cola alle Zutaten in einen Shaker geben und kräftig schütteln.

2. Über ein Longdrinkglas mit Crushed Ice abseihen und mit Cola auffüllen. Mit einer Limettenscheibe den Glasrand garnieren.

11.22 Cranberry Gin

Für 2 Drinks
Zubereitungszeit: 5 Minuten
Schwierigkeitsgrad: leicht

Zutaten:

10 cl Gin
Tonic Water zum Auffüllen
8 cl Cranberrysaft
4 cl Sekt
4 Zweige Rosmarin
6 frische Cranberries
Eiswürfel

Zubereitung:

1. 3 – 4 Eiswürfel in jedes Glas geben. Den Gin und den Cranberrysaft darüber gießen und gut umrühren. Nun nach Belieben mit dem Tonic Water aufgießen.

2. Je 3 Cranberries auf einen Zahnstocher aufspießen.

3. Zum Schluss die Cranberry Spießchen und Rosmarinzweige seitlich in die Gläser geben und servieren.

Tipp: Als leckere Ergänzung kann pro Glas 1 cl Zimtsirup hinzugegeben werden.

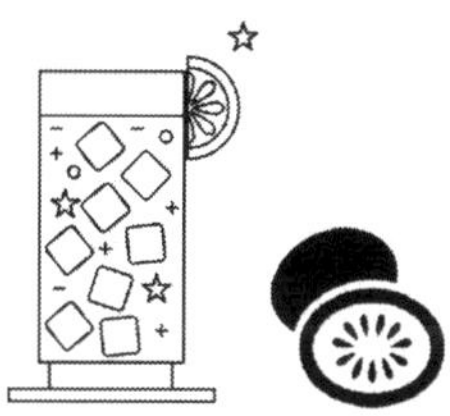

11.23 Kiwi Gin

Für 2 Drinks
Zubereitungszeit: 7 Minuten
Schwierigkeitsgrad: leicht

Zutaten:

10 cl Gin
Soda Water zum Auffüllen
2 Kiwi
5 cl Limettensaft
3 cl Zuckersirup
Ca. 25 Blätter Estragon
Eiswürfel
2 Kiwi Scheiben zur Dekoration

Zubereitung:

1. Zunächst die Kiwi vorsichtig schälen und in dünne Scheiben schneiden. Die Kiwi Scheiben mit den Estragon Blätter in einen Shaker geben und mit einem Stößel zerdrücken.

2. Anschließend Gin, Limettensaft und Zuckersirup hinzugegeben. Kräftig schütteln.

3. 2 Gläser mit Eiswürfeln füllen und den Drink über ein Sieb in die Gläser füllen.

4. Nach Belieben mit Soda Wasser auffüllen und den Rand mit einer Kiwi Scheibe dekorieren und servieren.

11.24 Sweet Purple Gin

Für 2 Drinks
Zubereitungszeit: 7 Minuten
Schwierigkeitsgrad: leicht

Zutaten:

4 cl Gin
2 cl Grenadine Sirup
4 cl Blue Curacao
8 cl Ananas Saft
8 cl Bananen Saft
Crushed Ice
2 Erdbeeren und 2 Stück Ananas zur Dekoration

Zubereitung:

1. In einem Shaker etwas Crushed Ice, den Gin, Curacao, Grenadine Sirup sowie den Ananas- und Bananensaft geben und ca. 20 – 30 Sekunden durchschütteln.
2. Das gut durchgeschüttelte Gemisch nun auf 2 Gläser verteilen.
3. Zum Schluss den Rand mit Erdbeere und Ananas dekorieren und servieren.

12. Gin Rezepte für den Winter

12.1 Winter Teddy Mulled Gin

Für 2 Drinks
Zubereitungszeit:
10 Minuten
Schwierigkeitsgrad: leicht

Zutaten:

5 cl Gin
25 cl Apfelsaft
4 cl Zitronensaft
2 Spritzer Angostura Bitter
2 Spritzer Portwein
4 TL Zucker (oder weniger)
2 Apfelspalten
2 Nelken

Zubereitung:

1. Gin, Apfelsaft, Zitronensaft, Angostura, Portwein, Zucker und Gin langsam erhitzen.
2. Je nach Geschmack Zucker beimengen.
3. Die warme Flüssigkeit auf 2 Glühweingläser verteilen. Mit einer Apfelspalte und Nelke garniert servieren.

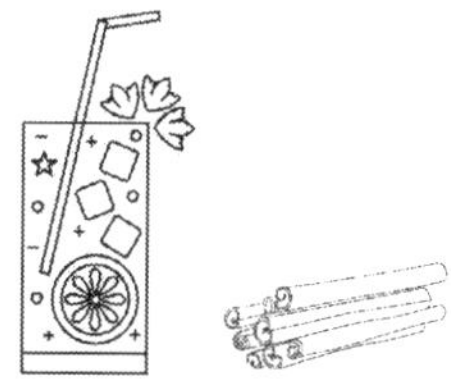

12.2 Pumkin Spice

Für 2 Drinks
Zubereitungszeit: 5 Minuten
Schwierigkeitsgrad: leicht

Zutaten:

12 cl Gin
2 Teebeutel Pumkin Spiced Tee
5 cl Zitronensaft
4 cl Zuckersirup
2 Prisen Zimt
2 Eiweiß
4 Eiswürfel
2 halbe Zitronenscheiben
2 kleine Thymianzweige

Zubereitung:

1. Die Teebeutel ca. 5 Minuten in den Gin einlegen und ziehen lassen.
2. Gin mit dem Zitronensaft, Zucker und Eiweiß in einen Shaker füllen und ca. 30 Sekunden kräftig schütteln.
3. Die 4 Eiswürfel in den Shaker hinzugeben und weitere 20 Sekunden shaken.
4. Den Inhalt des Shakers durch ein Barsieb gießen und auf 2 Gläser verteilen.
5. Mit Zimt, Thymianzweig und Zitronenscheibe garniert servieren.

12.3 Roasted Spice

Für 2 Drinks
Zubereitungszeit: 5 Minuten
Schwierigkeitsgrad: leicht

Zutaten:

12 cl Gin
5 cl Zitronensaft
2 TL geröstetes Kürbispüree
2 Eiweiß
2 Messerspitzen Muskatnuss
4 Eiswürfel
etwas Zimt
2 kleine Thymianzweige
2 halbe Zitronenscheiben

Zubereitung:

1. Gin, Zitronensaft, Kürbispüree und Eiweiß in einen Shaker geben und 30-40 Sekunden kräftig schütteln.
2. Die 4 Eiswürfel in den Shaker hinzugeben und weitere 15 Sekunden shaken.
3. Den Inhalt des Shakers durch ein Barsieb gießen und auf 2 Gläser verteilen.
4. Mit Zimt, Thymianzweig und Zitronenscheibe garniert servieren.

12.4 Fiery Gin

Für 2 Drinks
Zubereitungszeit:
25 Minuten
Schwierigkeitsgrad: leicht

Zutaten:

4 cl Gin oder Sloe Gin
2 Stück Ingwer, etwa 3 cm
4 Zimtstangen
10 ganze Gewürznelken
400 ml Apfelsaft
Schale einer unbehandelten Orange
2 Messerspitzen Piment

Zubereitung:

1. Die Orange waschen und die Schale abreiben. Den Ingwer in kleine Stückchen schneiden.

2. Apfelsaft, Ingwer, Zimtstangen, Gewürznelben, Orangenabrieb und Piment in einen Topf geben und 20 Minuten köcheln lassen. Den Topf von der Kochstelle nehmen.

3. Je 2 cl Gin in ein Glas geben und mit der warmen Flüssigkeit füllen.

12.5 The Monkey

Für 2 Drinks
Zubereitungszeit: 3 Minuten
Schwierigkeitsgrad: leicht

Zutaten:

12 cl Gin
6 cl frischer Orangensaft
1 cl Grenadine
2 Spritzer Absinthe
4 Eiswürfel
2 halbe Orangenscheiben

Zubereitung:

1. Gin, Orangensaft, Grenadine und Absinthe mit dem Eis im Shaker kräftig mixen.

2. Den Inhalt des Shakers durch ein Barsieb gießen und auf 2 Cocktail Gläser verteilen.

3. Das Cocktail Glas mit je einer Orangenscheibe garniert servieren.

12.6 The Millionaire

Für 2 Drinks
Zubereitungszeit: 5 Minuten
Schwierigkeitsgrad: leicht

Zutaten:

4 cl Gin
4 Stück Ingwer
5 cl Zuckersirup
4 Limettenscheiben (unbehandelt)
Champagner zum Auffüllen
4 Eiswürfel

Zubereitung:

1. Den Zuckersirup und Ingwer auf 2 Gläser verteilen.
2. Jeweils 2 Scheiben Limetten direkt über dem Glas auspressen und dann ins Glas geben.
3. In jedes Glas 2 Eiswürfel geben und 2 cl Gin.
4. Nach Belieben mit Champagner auffüllen und servieren.

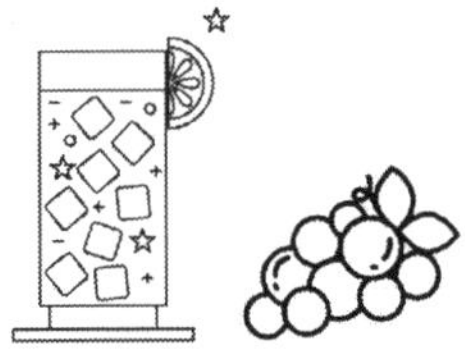

12.7 The Juicy Gin

Für 1 Drink
Zubereitungszeit: 3 Minuten
Schwierigkeitsgrad: leicht

Zutaten:

5 cl Gin
15 cl roter Traubensaft
1 Grapefruitzeste (unbehandelt)
2 Eiswürfel

Zubereitung:

1. Die Eiswürfel und 5 cl Gin in ein Longdrink-Glas füllen.
2. Anschließend den Traubensaft hinzugeben.
3. Mit einer Grapefruitzeste garniert servieren.

12.8 Glühwein Meets Gin

Für 4 Drinks
Zubereitungszeit: 2 Minuten
Schwierigkeitsgrad: leicht

Zutaten:

4 cl Gin
400 ml naturtrüber Apfelsaft
10 cl Tonic Water
1 Liter Weißwein (je nach Geschmack)
4 Zimtstangen
10 Gewürznelken
ca. 5 cm Ingwer in kleinen Stückchen
2 Prisen Piment
Abrieb von 2 unbehandelten Orangen
Anissterne, Zimtstangen, halbe Orangenscheiben

Zubereitung:

1. Wein, Apfelsaft mit den Gewürzen und dem Orangenabrieb in einen Topf geben und ca. 20 Minuten ganz leicht köcheln lassen.
2. Die warme Flüssigkeit auf die Gläser verteilen und je 1 cl Gin hinzugeben.
3. Mit Zimtstange, Anisstern und Orangenscheiben garniert servieren.

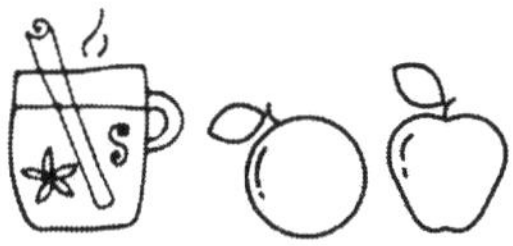

12.9 Hot Orange Apple Gin

Für 4 Drinks
Zubereitungszeit:
30 Minuten
Schwierigkeitsgrad: leicht

Zutaten:

700 ml Apfelsaft
6 unbehandelte Orangen
10 Nelken
4 Zimtrinden
5 cm Ingwer
8 cl Gin
halbe Orangenscheiben

Zubereitung:

1. Eine unbehandelte Orange waschen, die Schale abreiben und alle Orangen auspressen.

2. Apfel- und Orangensaft mit Nelken, Zimtrinden, Orangenabrieb und Ingwer in kleinen Stücken in einen Topf geben.

3. Die Flüssigkeit mit den Gewürzen erhitzen und 15 – 20 Minuten im Topf ziehen lassen.

4. Die warme Flüssigkeit durch ein Sieb gießen und auf 4 Gläser verteilen. Je Glas 2 cl Gin hinzugeben. Mit einer Orangenscheibe garniert servieren.

12.10 Gamaretto

Für 1 Drink
Zubereitungszeit: 2 Minuten
Schwierigkeitsgrad: leicht

Zutaten:

9 cl Gin
9 cl Wodka
9 cl Tequila
6 cl Amaretto
2 Eiswürfel
3 Amaretto Kirschen

Zubereitung:

1. Zuerst 2 Eiswürfel in ein Hurricane Glas geben.

2. Danach Gin, Wodka, Tequila, Amaretto hinzufügen und umrühren.

3. Mit Amaretto Kirschen auf einem Cocktailstäbchen garniert servieren.

12.11 All Off Us

Für 2 Drinks
Zubereitungszeit: 3 Minuten
Schwierigkeitsgrad: leicht

Zutaten:

4 cl Absinth
4 cl Bourbon
4 cl Cointreau
4 cl Gin
4 cl Tequila
4 cl Weißer Rum
4 cl Wodka
4 cl Grenadine
2 gut gekühlte Gläser

Zubereitung:

1. Alle Zutaten bis auf den Absinth in einem Rührglas vermischen.
2. Auf 2 gut gekühlte Gläser gleichmäßig verteilen.
3. Über die Rückseite eines Löffels den Absinth innen am Glasrand vorsichtig einlaufen lassen. Mit einem Stabfeuerzeug anzünden und servieren.

12.12 Honey & Milk

Für 2 Drinks
Zubereitungszeit:
10 Minuten
Schwierigkeitsgrad: leicht

Zutaten:

10 cl Gin
3 Eigelb
12 cl Milch
2 cl Rosenwasser
2 cl Honig

Zubereitung:

1. Alle Zutaten in einen Topf geben, gut verrühren und leicht erwärmen.
2. Die warme Flüssigkeit auf 2 Gläser verteilen und servieren.

12.13 Assassin

Für 2 Drinks
Zubereitungszeit:
10 Minuten
Schwierigkeitsgrad: leicht

Zutaten:

8 cl Gin
4 cl Zimtsirup
4 cl Limettensaft
16 cl Ananassaft
2 kleine Rosmarinzweige

Zubereitung:

1. Alle Zutaten in einen Topf geben, gut verrühren und leicht erwärmen.
2. Die warme Flüssigkeit auf 2 Gläser verteilen.
3. Mit einem Rosmarinzweig garniert servieren.

12.14 Rough Punch

Für 2 Drinks
Zubereitungszeit:
10 Minuten
Schwierigkeitsgrad: leicht

Zutaten:

8 cl Weißer Portwein
4 cl Gin
2 cl Zimtsirup
12 cl Birnensaft
2 Stangen Zimt
1 Birnenhälfte

Zubereitung:

1. Portwein, Gin, Zimtsirup und Birnensaft in einen Topf geben, gut verrühren und leicht erwärmen.
2. Die warme Flüssigkeit auf 2 Gläser verteilen.
3. Mit einer Zimtstange und Birnenscheibe garniert servieren.

12.15 Hot Gingerbread Gin

Für 2 Drinks
Zubereitungszeit: 2 Minuten
Schwierigkeitsgrad: leicht

Zutaten:

5 cl Lebkuchensirup
5 cl Gin
heißes Wasser
2 Orangenzesten

Zubereitung:

1. Gin und Lebkuchensirup auf 2 Gläser verteilen und gut verrühren.
2. Langsam nach Belieben mit heißem Wasser aufgießen und nochmals umrühren.
3. Mit einer Orangenzeste garniert servieren.

12.16 Red Negroni

Für 2 Drinks
Zubereitungszeit: 5 Minuten
Schwierigkeitsgrad: leicht

Zutaten:

5 cl Gin
5 cl Campari
5 cl Süßer Wermut
Heißer Rote Beeren Tee
2 halbe Orangenscheiben

Zubereitung:

1. Zunächst Wasser kochen und den Rote Beeren Tee zubereiten.
2. Gin, Campari und süßen Wermut in zwei Becher aufteilen und umrühren.
3. Anschließend mit heißem Rote Beeren Tee aufgießen.
4. Mit je einer halben Orangenscheibe garniert servieren.

12.17 Gingwer Punch

Für 2 Drinks
Zubereitungszeit:
20 Minuten
Schwierigkeitsgrad: leicht

Zutaten:

6 cl Gin
400 ml Apfelsaft
3 Orangen ausgepresst
1 unbehandelte Orange
4 Zimtstangen
6 Anissterne
Kleines Stück Ingwer

Zubereitung:

1. Orangen auspressen und mit dem Apfelsaft in einem Topf erhitzen.
2. Zimtstangen, Anissterne, Ingwer und die in Scheiben geschnittene unbehandelte Orange hinzugeben und ca. 10 Minuten ziehen lassen.
3. Je 3 cl Gin in 2 Glühweinbecher geben.
4. Den warmen Punsch hinzugeben und servieren.

12.18 Hottest Chocolate

Für 2 Drinks
Zubereitungszeit:
10 Minuten
Schwierigkeitsgrad: leicht

Zutaten:

12 cl Gin
300 ml Milch
4 TL Instant Kakao

Zubereitung:

1. Milch in einem Topf leicht erhitzen.
2. Mit einem Milchaufschäumer dann schaumig rühren.
3. Den Kakao hinzugeben und nochmals aufschäumen.
4. Die warme Flüssigkeit auf 2 große Tasse verteilen und je 6 cl Gin hinzufügen.
5. Mit etwas Kakao und je nach Geschmack auch mit Zimt bestreuen und servieren.

12.19 The Grinch

Für 2 Drinks
Zubereitungszeit:
15 Minuten
Schwierigkeitsgrad: leicht

Zutaten:

20 cl Gin
20 cl heißer gekochter schwarzer Tee
4-6 EL Kandiszucker
2 halbe Zitronenscheiben
2 halbe Orangenscheiben

Zubereitung:

1. Zunächst schwarzen Tee zubereiten, zusammen mit dem Kandiszucker und dem Gin in einen Topf geben.
2. Langsam erhitzen und umrühren, bis sich der Zucker aufgelöst hat.
3. Die heiße Flüssigkeit auf 2 Glühweinbecher oder große Tassen verteilen.
4. Mit je einer Zitronen- und Orangenscheibe garniert servieren.

12.20 Gin Meets Eggnog

Für ca. 1 Liter (bis zu 3 Wochen frisch im Kühlschrank)
Zubereitungszeit: 2 Minuten
Schwierigkeitsgrad: leicht

Zutaten:

400 g Puderzucker
2 Dosen ungezuckerte Kondensmilch
500 ml Gin
Mark von 2 Vanilleschoten
12 Eigelb
1 Prise Salz

Zubereitung:

1. Eigelb schaumig schlagen.
2. Puderzucker und eine Prise Salz hinzugeben und mixen bis alles schön cremig ist.
3. Zunächst die Kondensmilch, dann den Gin und das Vanillemark hinzufügen.

4. Weiter mixen bis alles cremig ist und in eine Flasche mit Verschluss abfüllen.

5. Die Flasche kühl lagern.

12.21 Ginpresso

Für 2 Drinks
Zubereitungszeit:
10 Minuten
Schwierigkeitsgrad: leicht

Zutaten:

24 cl Gin
4 TL Brauner Zucker
15 cl Creme de Cacao
6 starke Espresso
einige Raspel dunkler Schokolade

Zubereitung:

1. Espresso und Zucker in einem Topf erhitzen und den Gin unterrühren.

2. Den Creme de Cacao hinzufügen und weiter verrühren.

3. Kurz bevor es anfängt zu köcheln, vom Herd nehmen.

4. Die warme Flüssigkeit auf 2 große Kaffeebecher verteilen.

5. Je nach Geschmack mehrere lange Raspel dunkler Schokolade hinzugeben und servieren.

12.22 Gin Hot Toddy

Für 1 Getränk
Zubereitungszeit: 4 Min
Schwierigkeitsgrad: leicht

Zutaten:

4 cl Dry Gin
2 cl Zitronensaft
1 TL Honig
kochendes Wasser
Zimtstange
2-3 ganze Nelken
ev. Muskatnuss, Anis, Ingwer, Kardamon

Zubereitung:

1. Gin, Zitronensaft und Honig in einem Cocktailbecher verrühren. Wintergewürze nach Geschmack wie beispielsweise Muskatnuss, Anis, Ingwer und/oder Kardamom hinzugeben und mit kochendem Wasser aufgießen.

2. Mit Nelken und Zimtstange garnieren.

13. Party Gin Rezepte

13.1 Gin Punch

Für 8 Portionen
Zubereitungszeit:
30 Minuten
Schwierigkeitsgrad: leicht

Zutaten:

2 Liter Wasser
8 Beutel Earl Grey Tee
2 Portionen Gewürzmischung Punch
10 Wacholderbeeren
3 unbehandelte Limette (Schalenabrieb einer Limette und alle 3 ausgepresst)
Agavendicksaft je nach Geschmack
16 cl Gin

Zubereitung:

1. Earl Grey Tee zubereiten und ca. 5 Minuten ziehen lassen.

2. Eine Limette waschen, abreiben und alle 3 Limetten auspressen.

3. Wacholderbeeren, Limetenabrieb und Limettensaft, Gewürzmischung und den Agavendicksaft zu dem Tee hinzugeben und verrühren.

4. Bei niedriger Temperatur so lange ziehen lassen, bis der gewünschte Geschmack erreicht ist.

5. Den Punsch durch ein Sieb gießen und in Glühweinbecher oder große Tassen einfüllen. Pro Tasse je 2 cl Gin hinzugeben und heiß genießen.

13.2 Honey Punch

Für 12 Portionen
Zubereitungszeit: 1 Stunde
Schwierigkeitsgrad: leicht

Zutaten:

2 Liter Gin
2 Liter Wein (je nach Geschmack z.B. Madeira)
1 Ananas
24 cl frisch gepresster Zitronensaft
100 g Honig
8 Zimtstangen
4 Nelken
6 Orangenzesten
2 Sternanis
20 g brauner Zucker
50 cl Wasser

Zubereitung:

1. Ananas schälen und in kleine Stücke schneiden. Zitronen auspressen.

2. Alle Zutaten in einen großen Topf geben und umrühren.

3. Langsam erhitzen, bis alles anfängt leicht zu köcheln.

4. Die Hitze reduzieren und die Mischung 30 – 40 Minuten ziehen lassen.

5. Wenn der gewünschte Geschmack erreicht ist, durch ein Sieb in einen anderen Topf gießen.

6. Der Honey Punch kann in Teegläsern, Glühweintassen oder großen Kaffeebechern heiß serviert werden.

13.3 Blutorangen Punch

Für 6 Portionen
Zubereitungszeit:
30 Minuten
Schwierigkeitsgrad: leicht

Zutaten:

8 Grapefruits
8 Blutorangen
160 g Brauner Zucker
8 Nelken
2 Messerspitzen geriebene Muskatnuss
500 ml Gin
1 unbehandelte Zitrone (in Scheiben geschnitten)
1 unbehandelte Orange (in Scheiben geschnitten)
10 Rosmarinzweige

Zubereitung:

1. Grapefruits und Blutorangen auspressen. Grapefruit- und Orangensaft, Zucker, Muskatnuss, Rosmarin und Nelken in einen Topf geben und nur kurz aufkochen.
2. Von der Kochstelle nehmen, Nelken und Rosmarin entfernen.
3. Gin hinzugeben und gut umrühren.
4. Je eine Scheibe Zitrone und Orange in eine Tasse geben. Mit dem Punsch auffüllen und heiß servieren.

13.4 Galic Punch

Für 25-30 Portionen
Zubereitungszeit:
15 Minuten
Schwierigkeitsgrad: leicht

Zutaten:

700 ml Gin
700 ml Curacao
1 Liter Apfelsaft
4 Liter Orangensaft
700 ml Sekt
20 Blätter frische Minze

Zubereitung:

1. Gin, Curacao, Apfelsaft, Orangensaft und Minzblätter in einem großen Gefäß/Topf mischen.
2. Kalt serviert: Den Sekt kurz vor dem Servieren hinzugeben. Warm serviert: Alle Zutaten können vorsichtig erhitzt werden.
3. Nach dem Erhitzen abkühlen lassen bis der Punsch lauwarm ist.
4. Auch hier kurz vor dem Servieren den Sekt hinzufügen.
5. Der Galic Punch kann im Sommer kalt oder im Winter warm genossen werden.

13.5 Strawberry Punchbowl

Für ca. 10 Portionen
Zubereitungszeit:
10 Minuten
Schwierigkeitsgrad: leicht

Zutaten:

250 g Erdbeeren
Mark von 1 Vanilleschote
360 ml Limettensaft
320 ml Gin
2 Liter Mineralwasser
600 ml Erdbeer Sirup
Crushed Eis
Vanilleschoten zum Garnieren

Zubereitung:

1. Mark der Vanilleschote, Limettensaft, Gin, Mineralwasser und Erdbeer Sirup in ein großes Bowle Schale geben und verrühren.
2. Erdbeeren waschen, vierteln und Crushed Eis hinzufügen. Nochmals vorsichtig verrühren.
3. Jedes Glas mit Tonic Water auffüllen.
4. In Bowle Gläser einfüllen und mit einer Vanilleschote garniert servieren.

13.6 May Punch

Für 16 Portionen
Zubereitungszeit:
50 Minuten
Schwierigkeitsgrad: leicht

Zutaten:

500 g Himbeeren
500 g Heidelbeeren
2 Limetten/Zitronen unbehandelt
28 cl Gin
1,5 l trockener Weißwein (Sorte je nach Geschmack wählen)
20 Blätter Minze
40 Eiswürfel
1,5 l gut gekühlter Prosecco
2 l gut gekühltes Tonic Water

Zubereitung:

1. Die Beeren und Limetten waschen. Limetten in dünne Scheiben schneiden und in eine große Bowle Schale geben.
2. Weißwein und Gin hinzugeben, umrühren und für ca. 40 Minuten gut kühlen.
3. Danach die Minzblätter und die Eiswürfel hinzufügen und leicht umrühren.
4. Kurz vor dem Servieren den Prosecco und Sekt dazugeben.

13.7 Cucumber Lime Punch

Für ca. 10 – 12 Portionen
Zubereitungszeit:
40 Minuten
Schwierigkeitsgrad: leicht

Zutaten:

5 Stängel Zitronengras
15 dl Wasser
200 g Zucker
10 Limetten
2 Gurken
2 Bund Pfefferminze
10 dl Gin
Eiswürfel
15 dl Tonic Water

Zubereitung:

1. Eine Gurke schälen und fein pürieren.
2. 5 Limetten auspressen und Zitronengras zerdrücken.
3. Wasser und Zucker in einen Topf geben, zerdrücktes Zitronengras hinzugeben und aufkochen lassen.
4. Hitze reduzieren und den Sud je nach gewünschter Intensität ca. 5 - 10 Minuten köcheln lassen.
5. Anschließend die Flüssigkeit abkühlen lassen.
6. Während der Abkühlzeit 1 Gurke und 5 Limetten in dünne Scheiben schneiden.
7. Eine große Bowle Schale bereitstellen und das Gurkenpüree, den Limettensaft und den abgekühlten Zitronengras Sud durch ein Sieb abseihen.
8. Minze hinzugeben und mit Gin ergänzen.
9. Limetten- und Gurkenscheiben hinzugeben.
10. Eiswürfel und Tonic Water einrühren und servieren.

13.8 Blackberry Punch

Für 8 Portionen
Zubereitungszeit:
20 Minuten
Kühlzeit: 24 Std
Schwierigkeitsgrad: leicht

Zutaten:

400 g Brombeeren
200 g Johannisbeeren
100 g Himbeeren
1 Bund Zitronenmelisse
4 Zitronen -geschält und geviertelt
600 ml Gin
100 ml Limettensirup oder Holunderblütensirup
Zitronenlimonade oder Soda zum Aufgießen

Zubereitung:

1. Die Beeren waschen, die Blätter der Zitronenmelisse vom Stiel entfernen und ebenfalls waschen.
2. Das Obst und die Zitronenmelisse in eine große Bowle Schale geben.
3. Gin und Sirup hinzufügen und gut umrühren.
4. Die Bowle Schale abgedeckt rund 24 Stunden im Kühlschrank ziehen lassen.
5. Kurz bevor die Gäste eintreffen, aus dem Kühlschrank nehmen und gut durchrühren.
6. Zitronenlimonade einrühren und servieren.

13.9 Eve`S Punch

Für 20-24 Portionen
Zubereitungszeit:
10 Minuten
Kühlzeit: 1 Std
Schwierigkeitsgrad: leicht

Zutaten:

2 Flaschen Sekt, gekühlt
2 Flaschen Weißwein
4 Liter Tonic Water, gekühlt
1 Liter Gin
4 Limetten
700 g frische Himbeeren
700 g frische Heidelbeeren
20 Minzblätter

Zubereitung:

1. Die Beeren und Minzblätter waschen. 2 Limetten in dünne Scheiben schneiden und 2 Limetten vierteln.
2. Limetten, Minzblätter und Beeren in ein großes Gefäß geben.
3. Gin und Weißwein einrühren und mindestens 1 Stunde kühl stellen.
4. Kurz bevor die Gäste eintreffen aus dem Kühlschrank nehmen.
5. Tonic Water und Sekt einrühren und servieren.

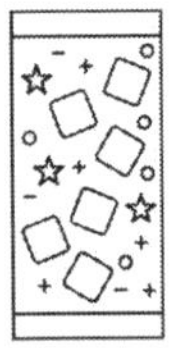

13.10 Xmas for 2

Für 2 Drinks
Zubereitungszeit: 2 Minuten
Schwierigkeitsgrad: leicht

Zutaten:

2 Zimtstangen
10 Wachholderbeeren
2 Messerspitzen Muskatnuss
50 cl Tonic Water
10 cl Gin

Zubereitung:

1. Je 5 cl Gin in ein Longdrink-Glas einfüllen.
2. Muskatnuss und Wacholderbeeren anteilig hinzugeben.
3. Anschließend mit Tonic Water nach Belieben auffüllen und leicht rühren.
4. Mit einer Zimtstange garniert servieren.

13.11 Headless Lucy

Für eine große Party
Zubereitungszeit:
15 Minuten
Ruhezeit: 1 Tag
Schwierigkeitsgrad: leicht

Zutaten:

4 große Dosen Cocktailfrüchte
2 Gläser Kirschen oder Sauerkirschen
1 Flasche Prosecco
1 Flasche Weißwein (trocken oder süß)
Je 1 Flasche Wodka, Gin und weißer Rum
Je nach Geschmack 700 g bis 1 kg Zucker

Zubereitung:

1. Alle Zutaten - bis auf den Prosecco – in ein großes Gefäß hineingeben und vermischen.
2. Am Besten gut gekühlt für ca. 1 Tag durchziehen lassen.

3. Kurz bevor die Gäste eintreffen den Prosecco hinzugeben und servieren.

13.12 Scorpion Bowl

Für 1 Getränk
Zubereitungszeit: 3 Minuten
Schwierigkeitsgrad: leicht

Zutaten:

3 cl Kubanischer Rum
3 cl Gin
3 cl Saft von frischer Orange
1,5 cl Saft von frischer Limette
1,5 cl Brandy
1,5 cl Mandelsirup oder Orgeat
1,2 cl Rohrzuckersirup
Crushed Ice

Zubereitung:

1. Alle Zutaten in einem Shaker kräftig durchschütteln und in ein Fancyglas füllen.
2. Mit Orangen- und Limettenscheiben garnieren.

13.13 Peach Punch

Für eine Party
Zubereitungszeit:
15 Minuten
Ruhezeit: 6-8 Std
Schwierigkeitsgrad: leicht

Zutaten:

5 große Dosen Pfirsich Spalten
1 Flasche Weißwein (je nach Geschmack)
3 Flaschen Sekt
1 Flasche Pfirsichlikör
1/2 l Gin
1/8 l milder Sherry

Zubereitung:

1. Die Pfirsich Spalten mit dem Saft in ein großes Bowle Gefäß geben.
2. Weißwein, Pfirsichlikör, Gin und Sherry einrühren.
3. Im Kühlschrank ca. 6 – 8 Stunden durchziehen lassen.
4. Kurz bevor die Gäste eintreffen den gut gekühlten Sekt hinzugeben, leicht einrühren und servieren.

13.14 Tropical Punch

Für 4 – 6 Portionen
Zubereitungszeit:
15 Minuten
Schwierigkeitsgrad: leicht

Zutaten:

1 große Ananas
2 mittelgroße Mango
12 Litchi
5 unbehandelte Limetten
4-5 Zweige Zitronenmelisse
1-1,5 Liter Ginger Ale

Zubereitung:

1. Die Ananas schälen und in Würfeln schneiden. Mangos und Litschi schälen und entkernen. Mangos ebenfalls in Würfeln schneiden. Limetten waschen und achteln.

2. Die Früchte in einen großen vorgekühlten Krug geben.

3. Mit dem Ginger Ale aufgießen und durchmischen.

4. Gin nach Lust und Laune hinzufügen – untermischen und servieren.

13.15 Halloween Gin

Für 4 – 6 Portionen
Zubereitungszeit:
15 Minuten
Schwierigkeitsgrad: leicht

Zutaten:

160 ml süßer Gin
1 L Mineralwasser
180 ml Limettensaft
250 ml Erdbeersirup
250 gr. Erdbeeren
Mark einer Vanilleschote
Eiswürfel

Zubereitung:

1. Die gewaschenen Erdbeeren in einer großen Schüssel zerdrücken und das Mark der Vanilleschote unterrühren.

2. Alle weiteren Zutaten mit Eiswürfel hinzufügen und servieren.

14. Aromatische Gin-Rezepte

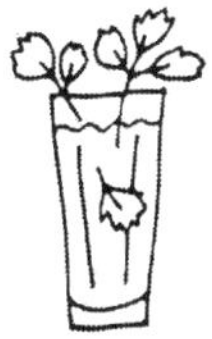

14.1 Lemon & Basil Gin

Für 2 Drinks
Zubereitungszeit: 6 Minuten
Schwierigkeitsgrad: leicht

Zutaten:

8 cl Lillet Blanc
16 cl Gin
¼ l mildes Tonic Water
4 Zweige Basilikum
4 Zitronenzesten
Eiswürfel

Zubereitung:

1. 2 Gläser mit Eiswürfeln füllen und für ca. 1 Stunde in das Gefrierfach stellen.

2. 2 Basilikumzweige, 2 Zitronenzesten, Gin und den Lillet Blanc in einen

Cocktailshaker geben.

3. Mit einem Stößel, das Basilikum und die Zitronenzesten leicht zerdrücken.

4. Den Shaker bis zum Rand mit weiteren Eiswürfeln füllen und für ca. 15

Sekunden gut durchschütteln. Durch ein Sieb in die eisgekühlten Gläser abseihen.

5. Die Gläser nun mit den Zitronenzesten und Basilikum Zweigen garnieren und servieren.

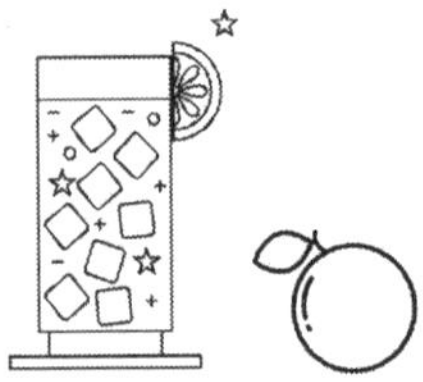

14.2 Orange & Zimt Gin

Für 2 Drinks
Zubereitungszeit: 5 Minuten
Schwierigkeitsgrad: leicht

Zutaten:

12 cl Gin
24 cl Tonic Water
1 unbehandelte Orange
2 Zimtstangen
Eiswürfel

Zubereitung:

1. Ein paar Zesten von der unbehandelten Orange abschälen.
2. Die Zimtstangen mit einem Feuerzeug kurz anflämmen, um die ätherischen Öle freizusetzen.
3. Nun werden 2 Longdrinkgläser bis zum Rand mit Eiswürfeln gefüllt. Gin, das Tonic Water und jeweils 1 Zimtstange beigegeben.
4. Die vorbereiteten Orangenzesten über das Glas ausdrücken und ins Glas geben, einmal kurz umrühren und servieren.

14.3 Apfel Thymian Gin

Für 2 Drinks
Zubereitungszeit: 5 Minuten
Schwierigkeitsgrad: leicht

Zutaten:

12 cl Gin
40 cl Tonic Water
1 frischer Granny Smith Apfel
6 Zweige Zitronenthymian
Eiswürfel

Zubereitung:

1. Zunächst den Granny Smith schälen, entkernen. Jeweils 1 Viertel in Würfel schneiden und in die Longdrinkgläser geben.

2. Als Nächstes die Blätter von 4 Zweigen Zitronenthymian abzupfen und auf die Gläser verteilen.

3. Apfelwürfel und Thymian Blätter mit einem Stößel zerdrücken, bis ein Mus entsteht. Das Glas bis zum Rand mit Eiswürfeln füllen, Gin und das Tonic Water hinzugeben und umrühren.

4. Die restlichen Apfelviertel in dünne Scheiben schneiden und auf einem Zahnstocher auffächern.

5. Die Apfelfächer nun auf die Drinks legen, die restlichen Thymianzweige kurz aufklopfen und an der Seite ins Glas geben.

14.4 Gurke & Szechuan Pfeffer Gin

Für 2 Drinks
Zubereitungszeit: 5 Minuten
Schwierigkeitsgrad: leicht

Zutaten:

12 cl Gin
25 cl Tonic Water
10 dünne Gurkenstreifen
2 TL Szechuan Pfeffer
Eiswürfel

Zubereitung:

1. Den Szechuan Pfeffer in einer kleinen Pfanne bei mittlerer Hitze 2 Minuten anrösten, damit die ätherischen Öle frei werden. 2 Longdrinkgläser bis zum Rand mit Eiswürfeln füllen.

2. Jeweils 5 Gurkenstreifen in ein Glas geben, Gin und das Tonic Water hinzugeben.

3. Die gerösteten Pfefferkörner hinzugeben und kurz umrühren.

4. Eine Gurkenscheibe auf den Rand stecken und servieren.

14.5 Getrocknete Birne & Minze Gin

Für 2 Drinks
Zubereitungszeit: 5 Minuten
Schwierigkeitsgrad: leicht

Zutaten:

12 cl Gin
40 cl Tonic Water
1 Bund frische Minze
1 reife Birne
Eiswürfel

Zubereitung:

1. Am Vortag: den Backofen auf 50 ° C vorheizen. Die gewaschene Birne halbieren, entkernen und dann der Länge nach in dünne Scheiben schneiden.

2. Diese Scheiben nun auf ein mit Backpapier ausgelegtes Backblech legen und 12 Std im Backofen dörren.

3. Jeweils ein Minzblatt, 1 ausgekühlte, getrocknete Birnenscheibe in ein Glas geben und mit einem Stößel beides gut zerdrücken. Nun Eiswürfel hinzugeben und mit Gin und Tonic Water übergießen.

4. Die restliche Minze kurz aufklopfen und an der Seite in den Drink stecken. Mit beliebig vielen Birnenchips dekorieren und servieren.

14.6 Mediterranean Water & Rosmarin Gin

Für 2 Drinks
Zubereitungszeit: 5 Minuten
Schwierigkeitsgrad: leicht

Zutaten:

12 cl Gin
40 cl Tonic Water
4 Rosmarin Zweige
2 Zitronenzesten
2 Prisen Fleur de Sel
Eiswürfel

Zubereitung:

1. Zunächst den Gin und das Fleur de Sel in 2 Gläser geben und mit Mediterranean Tonic Water aufgießen.

2. Die Zitronenzesten über den Gläsern ausdrücken, so dass die ätherischen Öle ins Glas spritzen und danach in den Drink legen.

3. Die Rosmarinzweige seitlich in die Gläser geben und servieren.

4. Nun ein paar Eiswürfel hinzugeben und mit Gin und Tonic Water übergießen.

14.7 Grapefruit & Estragon Gin

Für 2 Drinks
Zubereitungszeit: 5 Minuten
Schwierigkeitsgrad: leicht

Zutaten:

12 cl Gin
40 cl Tonic Water
1 unbehandelte Grapefruit
½ Bund Estragon
Eiswürfel

Zubereitung:

1. Von der Grapefruit 6 Zesten abziehen, die Grapefruit halbieren und auspressen. Es sollten ca. 40 ml Saft sein.

2. Nun jeweils 20 ml Grapefruitsaft in ein Glas geben, mit Gin und Tonic Water aufgießen.

3. Pro Glas jeweils 2 Grapefruitzesten über dem Glas ausdrücken. Kurz umrühren und das Estragon Kraut seitlich ins Glas geben.

4. Jedes Glas mit einer Grapefruit Zeste garnieren und servieren.

14.8 Getrocknete Orange & Rosmarin Gin

Für 2 Drinks
Zubereitungszeit: 5 Minuten
Schwierigkeitsgrad: leicht

Zutaten:

12 cl Gin
40 cl Tonic Water
2 unbehandelte Orangen
2 Zweige Rosmarin
Eiswürfel

Zubereitung:

1. Am Vortag den Ofen auf 50 ° C vorheizen, 1 Orange waschen und in dünne Scheiben schneiden.
2. Gleichmäßig verteilt auf das Backblech legen und für 12 Stunden dörren lassen.
3. Von der zweiten Orange die Zesten abschälen.
4. Zunächst den Gin in Longdrinkgläser geben und diese mit Eiswürfeln füllen.
5. Nun das Tonic Water darüber gießen und die Orangenzesten über den Gläsern ausdrücken, sodass die ätherischen Öle in den Drink spritzen, und dann in den Drink legen.
6. Rosmarinzweige an den Glasrand stecken.
7. Die getrockneten Orangenräder auf einen Zahnstocher stecken und als dekorativen Snack auf das Glas legen.

14.9 Cherry-blossom Tonic Gin

Für 2 Drinks
Zubereitungszeit: 5 Minuten
Schwierigkeitsgrad: leicht

Zutaten:

12 cl Gin
40 cl Cherryblossom Tonic Water
1 TL Himbeer Balsamico
4 Himbeeren
Eiswürfel

Zubereitung:

1. Als Erstes jeweils einen ½ TL Himbeer Balsamico in ein Glas geben.
2. Die Gläser nun bis zum Rand mit Eiswürfeln füllen.
3. Zuerst den Gin über das Eis ins Glas laufen lassen, anschließend mit dem Cher-

ryblossom Tonic Water aufgießen.

4. Die Glasränder mit jeweils 2 Himbeeren garnieren und servieren.

14.10 Yuzu Saft & Arabica Bohnen Gin

Für 2 Drinks
Zubereitungszeit:
10 Minuten
Schwierigkeitsgrad: leicht

Zutaten:

12 cl Gin
40 cl Dry Tonic Water
4 TL Yuzu Püree
8 Arabica Kaffee Bohnen
2 TL Mango Balsamico
2 Yuzu/Zitronen Zesten
Eiswürfel

Zubereitung:

1. Als erstes das Yuzu Püree und den Mango Balsamico in die 2 Gläser geben.

2. Die Gläser nun bis zum Rand mit Eiswürfeln füllen.

3. Zuerst den Gin über das Eis ins Glas laufen lassen und dann mit dem Dry Tonic Water aufgießen. Kurz umrühren.

4. Die Yuzu oder Zitronen Zesten in ganz feine Streifen schneiden und seitlich in die Gläser verteilen.

5. Mit einer Muskatreibe je eine Arabica Kaffeebohne/Glas fein darüber reiben.

6. Zum Schluss kann man noch je 3 Kaffee Bohnen in die Gläser geben und servieren.

Yuzu ist eine asiatische Frucht, die in Europa nur selten frisch gekauft werden kann, stattdessen ist Yuzu als Püree- und Saft bei uns erhältlich.

14.11 Erdbeer & Balsamico Gin

Für 2 Drinks
Zubereitungszeit: 5 Minuten
Schwierigkeitsgrad: leicht

Zutaten:

12 cl Gin
40 cl Dry Tonic Water
50 ml Balsamico
2 große reife Erdbeeren
Ca. 4 – 5 cm Ingwer - geschält
40 g Zucker
½ Zitrone
½ Bund Basilikum
Eiswürfel

Zubereitung:

1. In der Vorbereitung zunächst den Balsamico und Zucker in einen Topf geben und bei niedriger Hitze ca. 4 – 5 Minuten unter ständigem Rühren köcheln lassen.
2. Die Zitronenhälfte auspressen und den Zitronensaft in den Balsamico Sirup einrühren und abkühlen lassen.
3. Nun den geschälten Ingwer, die Erdbeeren in ganz feine Streifen schneiden und in die Gläser geben.
4. Ein paar Eiswürfel in jedes Glas geben. Danach den Gin, das Tonic Water und zum Schluss den Balsamico Sirup.
5. Den kurz angeklopften Basilikum mit zwei Ingwer Stücken an der Rand des Glases stecken und servieren.

14.12 Red Gin Tonic

Für 2 Drinks
Zubereitungszeit: 6 Minuten
Schwierigkeitsgrad: leicht

Zutaten:

12 cl Gin
Tonic Water zum Auffüllen
6 cl Rote Beete Likör
6 cl Blutorangen Geist
Frische Rote Beete
Frische Orange
Eiswürfel

Zubereitung:

1. Gin, Blutorangen Geist, Rote Beete Likör und Eiswürfel in einen Shaker geben.
2. Gut durchschütteln und jeweils 2 – 3 Eiswürfel in ein Glas geben.
3. Den durchgeschüttelten Mix über ein feines Sieb in die Gläser geben.
4. Nach Belieben mit Rote Beete- und Orangenscheiben garnieren und servieren.

14.13 Earl Grey Gin Tonic

Für 2 Drinks
Zubereitungszeit: 5 Minuten
Schwierigkeitsgrad: leicht

Zutaten:

20 cl abgekühlten, aber frisch aufgebrühter Earl Grey Tee
Tonic Water zum Auffüllen
14 cl Gin
6 cl Ahorn Sirup
2 cl frisch gepresster Zitronensaft
Zitronenabrieb
Eiswürfel

Zubereitung:

1. In 2 High Ball Gläser je 2 – 3 Eiswürfel geben.
2. Alle Zutaten nach und nach über die Eiswürfel gießen und umrühren.
3. Zum Schluss mit einer Zitronenscheibe garnieren und servieren.

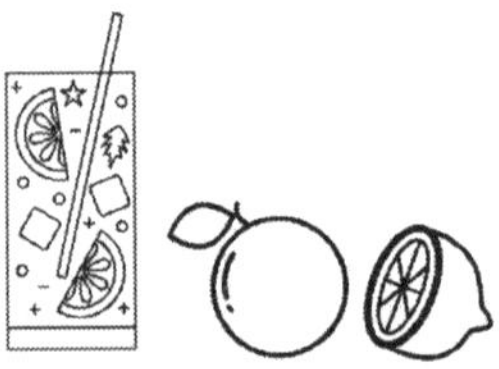

14.14 Blutorangen Gin Tonic

Für 2 Drinks
Zubereitungszeit:
15 Minuten
Schwierigkeitsgrad: leicht

Zutaten:

10 cl Gin
4 cl Lillet
6 cl frisch gepressten Blutorangensaft
2 cl frisch gepressten Zitronensaft
1 unbehandelte Blutorange
Ginger Ale zum Auffüllen
Eiswürfel

Zubereitung:

1. Die Blutorange gut waschen und im Anschluss in Spalten schneiden.

2. In einem Shaker 4 Eiswürfel, Gin, Blutorangen- und Zitronensaft sowie Lillet gut durchschütteln.

3. 3 – 4 Eiswürfel in jedes Glas geben und den Drink aus dem Shaker in die Gläser abseihen. Nach Belieben mit Ginger Ale auffüllen. Mit Blutorangen Spalten garnieren und servieren.

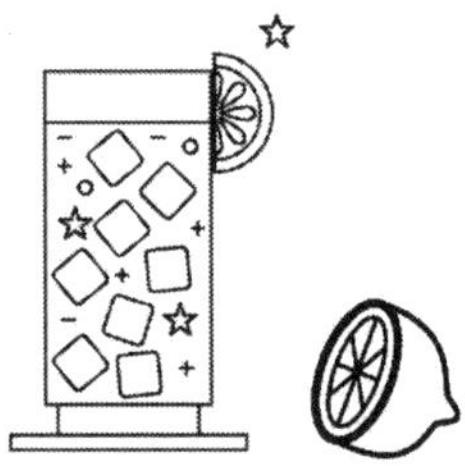

14.15 Bergamotte Gin Fizz

Für 2 Drinks
Zubereitungszeit: 7 Minuten
Schwierigkeitsgrad: leicht

Zutaten:

10 cl Gin
6 cl Bergamotte Sirup
2 Spritzer Ingwer Sirup
2 cl frisch gepressten Zitronensaft
Tonic Water zum Auffüllen
Eiswürfel
2 Zitronen Scheiben

Zubereitung:

1. In den Shaker 4 Eiswürfel, Gin, Bergamotte- und Ingwer Sirup sowie den frisch gepressten Zitronensaft geben und gut durchschütteln.

2. 3 – 4 Eiswürfel in jedes Glas geben und den Drink aus dem Shaker in die Gläser abseihen.

3. Nach Belieben mit Tonic Water auffüllen.

4. Zum Schluss den Glasrand noch mit je 1 Zitronen Scheibe garnieren und servieren.

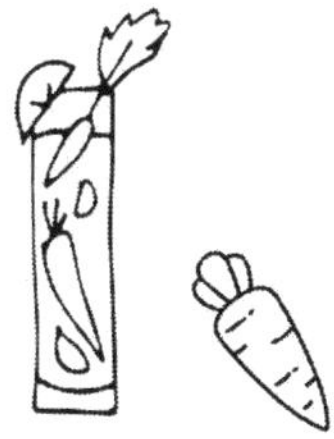

14.16 Baby Carrot Gin

Für 2 Drinks
Zubereitungszeit: 5 Minuten
Schwierigkeitsgrad: leicht

Zutaten:

10 cl Gin
200 ml Tonic Water
250 ml Apfel – Karotten Saft
6 Baby Karotten
Eiswürfel

Zubereitung:

1. Alle flüssigen Zutaten auf 2 Gläser verteilen und gut durchmischen.

2. 2 - 3 Eiswürfel in jedes Glas geben.

3. In jedes Glas 2 Baby Karotten geben und servieren.

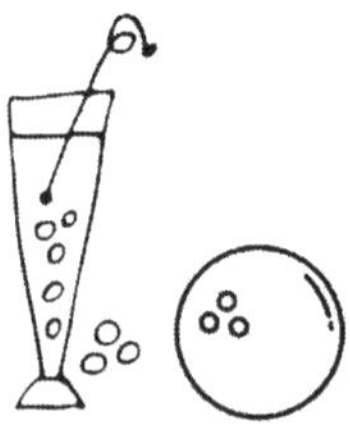

14.17 Blutorangen Matcha Gin

Für 2 Drinks
Zubereitungszeit: 7 Minuten
Schwierigkeitsgrad: leicht

Zutaten:

10 cl Gin
8 cl Zuckersirup
16 cl frischer Blutorangensaft
Mineralwasser zum Auffüllen
2 gestrichene TL Matcha
4 EL warmes Wasser
Eiswürfel
2 Blutorangen Scheiben

Zubereitung:

1. In einer kleinen Schüssel das Matcha Pulver im warmen Wasser mit einem Matcha Besen verrühren.
2. Zwei Gläser mit Eiswürfeln füllen und das aufgeschäumte Matcha in die Gläser verteilen.
3. 4 Eiswürfel in einen Shaker geben, Gin, Zuckersirup und Blutorangensaft hinzugeben und kräftig durchschütteln.
4. Die Mischung in die 2 Gläser verteilen und nach Belieben mit Mineralwasser auffüllen. Die Gläser mit je 1 Blutorangen Scheibe dekorieren und servieren.

14.18 Lemon Birnen Gin

Für 2 Drinks
Zubereitungszeit: 5 Minuten
Schwierigkeitsgrad: leicht

Zutaten:

6 cl Gin
4 cl frisch gepresster Zitronensaft
200 ml Birnen Saft
6 cl Zuckersirup
Mineralwasser zum Auffüllen
Eiswürfel
2 Zitronen Scheiben

Zubereitung:

1. Zuckersirup, Zitronensaft und Gin mit 3 – 4 Eiswürfeln in einen Shaker geben und kräftig shaken.

2. 2 Gläser mit Eiswürfeln füllen und den Inhalt des Shakers gleichmäßig verteilen.

3. Nun mit Birnen Saft und Mineralwasser nach Belieben auffüllen.

4. Die Gläser mit je 1 Zitronen- oder Birnen Scheibe garnieren und servieren.

14.19 Sour Honey Gin

Für 2 Drinks
Zubereitungszeit: 7 Minuten
Schwierigkeitsgrad: leicht

Zutaten:

12 cl Gin
4 cl frisch gepresster Zitronensaft
4 TL Honig
Eiswürfel
2 Spalten Zitrone

Zubereitung:

1. Den Honig und Zitronensaft in 2 Gläser geben und verrühren, bis sich der Honig aufgelöst hat. Nun den Gin hinzugeben und einrühren.

2. 2 – 3 Eiswürfel hinzugeben, mit der Zitronen Spalte dekorieren und servieren.

14.20 Elderflower Gin Tonic

Für 2 Drinks
Zubereitungszeit: 7 Minuten
Schwierigkeitsgrad: leicht

Zutaten:

12 cl Gin
4 cl Holunder Sirup
Tonic Water zum Auffüllen
2 Zweige frischer Rosmarin
12 Himbeeren
Eiswürfel

Zubereitung:

1. In einer kleinen Schüssel die Himbeeren, den Holundersirup und ein paar Rosmarin Blätter zerdrücken.
2. Wenn ein Mus entstanden ist, das Ganze ein paar Minuten ziehen lassen.
3. 2 Gläser mit Eiswürfel füllen und das Himbeer Mus gleichmäßig verteilen.
4. Nun jeweils 6 cl Gin in ein Glas geben und nach Belieben mit Tonic Water auffüllen.
5. Das Glas mit Himbeeren und etwas Rosmarin dekorieren und servieren.

14.21 Vanille Chai Gin Tea

Für 2 Drinks
Zubereitungszeit: 7 Minuten
Schwierigkeitsgrad: leicht

Zutaten:

8 cl Gin
360 ml Vanille Chai Tee
30 ml Milch (Mandel, Kokos oder Sojamilch)
2 TL Agavendicksaft oder wahlweise Rohrzucker
2 Zimtstangen als Dekoration

Zubereitung:

1. Den kalten Vanille Chai Tee auf 2 mit Eiswürfeln gefüllte Gläser verteilen.
2. Nun den Agavendicksaft und den Gin hinzugeben und umrühren.
3. Die Milch kurz aufschäumen und von oben auf den Drink laufen lassen.
4. In jedes Glas eine Zimtstange geben und servieren.

Schlusswort

Hättest du je gedacht, dass man über Gin noch so viel lernen kann?

Du hast einen Einblick in die Geschichte des Gins bekommen, kennst die Unterschiede der Gin Sorten, kannst sogar deinen eigenen Gin herstellen, weißt nun welches Glas das Richtige ist, wie Gin richtig verkostet wird und selbstverständlich hast du auch viele unterschiedliche Rezepte mit an die Hand bekommen.

Ganz egal zu welcher Jahreszeit und ob man es eher fruchtig, spritzig oder klassisch mag. Du weist sogar, wie man sein eigenes Tonic Water zaubert und somit etwas ganz Besonderes und Individuelles erschaffen kann.

Mit diesem Buch bist du somit bestens vorbereitet um dir und deinen Gästen eine köstliche Erholung zu gönnen.

Media Commerce
c/o Hermine Treitner
Laxenburgerstraße 136/11/5
1100 Wien
Österreich / Austria

Gedruckt/Vertrieben und Verkauft via
Amazon.com, Inc. oder einer Tochtergesellschaft

Printed in Poland
by Amazon Fulfillment
Poland Sp. z o.o., Wrocław

51265126R00063